밝고 지혜로워지는 수학 이야기

밝고 지혜로워지는 수학 이야기

초판 1쇄 발행   2025년 2월 10일

지 은 이   정대현·이건재
기   획   섭리수학 협동조합
수학감수   이명우
디 자 인   이윤아
일러스트   김문수

펴 낸 곳   섭리수학 협동조합
등   록   2021년 2월 26일(제2021-000026호)
주   소   수원시 장안구 경수대로 994번길 33-8 수천빌딩 4층
대표전화   031-246-1201
전자우편   srmath12@naver.com

ⓒ 섭리수학 협동조합
ISBN 979-11-974982-7-5 (03370)

* 이 책은 저작권법에 따라 보호받는 저작물이므로 저작자와 출판사 양측의 허락 없이 일부 혹은 전체를 인용하거나 옮겨 실을 수 없습니다.

* 이미지 출처 : Getty Images Bank

우리 아이가

밝고 지혜로워지는 수학 이야기

정대현·이건재 지음

수학, 왜 배우나요?

수학과 인성교육을 통합적으로 바라보며
우리 아이에게 수학을 왜 배우는지를 밝고 따뜻하게 알려주는 수학 교양서

섭리수학

프롤로그

시작하는 글
***

아이들은 항상 묻습니다. "도대체 수학은 왜 배우는 거예요?"라고. 이 질문에 어른들은 어떻게 답을 하고 있나요? 아이들에게 '좋은 대학에 가기 위해서' 또는 '사고력을 키우기 위해서'라는 답을 해 줄 수도 있겠지만 지금까지와는 달리 "아이가 자신의 삶을 자기답게 잘 가꾸어 나갈 수 있는 수학 교육을 하려면 어떻게 해야 하는가?"라는 질문에 답을 구하는 관점에서 접근해 보고자 합니다.

그리하자면 수학의 본질이 무엇인지부터 돌아보아야 합니다. 즉, 성적을 위한 수학 또는 좋은 대학에 진학하기 위한 도구로서의 수학이 아니라 수학이라는 학문은 왜 탄생했고, 자신의 삶에 왜 필요하며, 궁극적으로 수학을 통해 지향해야 할 목적과 목표 그리고 방향성이 무엇인지에서부터 그 답을 찾아야 한다고 봅니다. 그래야만 수학을 통해 아이가 자기다운 삶을 살아가고 자신의 창조적인 역량을 펼치며 주변과 조화롭게 어울릴 수 있을 것입니다. 그러한 관점에서 이 책은 우리가 수학을 배우며 궁극적으로 지향해 나가야 할 목표는 바로 자신이 밝아지고 지혜로워지며 나, 너, 우리, 그리고 세상 모두가 조화롭고 행복해지는 것이라고 정의하고자 합니다.

프롤로그

　따라서 "수학을 왜 배우나요?"라는 아이들의 질문에 답을 한다면 "밝고 지혜로워지기 위해서지."라고 이야기해 주고 싶습니다. 그렇게 자신 있게 말할 수 있는 이유는, 제 자신이 오랜 시간 석문호흡 수련을 통해 자신을 참되게 알아가고 사랑해 가는 과정 속에서 체득하고 깨우친 만큼의 빛과 힘, 가치가 아이들의 수학 교육에 고스란히 녹아들어 갔고, 그렇게 만들어진 콘텐츠를 통해 좀 더 밝아지고 지혜롭게 성장해 간 수많은 아이들과 학부모들이 있었기 때문입니다.

　무엇보다 이 책은 아이들이 수학을 통해 자신을 사랑하고 주변을 사랑하며 자신에 대한 믿음과 확신, 자신감을 바탕으로 안목을 키워 어질고 지혜롭게 성장할 수 있도록 돕고자 합니다. 또한 긍정적인 마음을 바탕으로 희망과 용기를 키우며, 균형감과 공정함을 중요시하는 가운데 모두가 행복한 방법을 찾아갈 수 있음을 아이들에게 이야기해 주고자 합니다. 그리하여 아이들이 수학 때문에 괴롭고 힘든 것이 아니라 수학을 배워 밝고 지혜로워지는 가운데 자존·창조·조화로워지며 행복해질 수 있도록 부모님과 선생님들이 먼저 이러한 콘텐츠를 잘 배워 아이들에게 전하기를 바라는 마음으로 이 책을 기획했습니다.

　이 책을 통해 교사와 학부모가 교과 교육과 인성 교육을 입체적이고 통합적으로 바라보며 수학의 밝고 지혜로운 가치를 중심으로 수학 교육을 바라보기를 기대합니다. 이를 토대로 수학이 어렵고 힘들며 왜 배워야 하는지 이해하지 못하는 아이들이 수학을 왜 배워야 하는지를 스스로 깨우치며 밝고 지혜롭게 성장해 나가는 시간이 되기를 마음 깊이 기원합니다.

밝고 지혜로워지는 수학 이야기

목차

프롤로그 시작하는 글　04

자신과 일상에 대한 사랑과 감사함

1제　세상에 하나뿐인 나는 소중해, '숫자 1'　　　　　　　　　　011
2제　둘이라서 의미가 있는 '숫자 2'　　　　　　　　　　　　　017
3제　자신과 일상에 감사하게 되는 마음, '확률'　　　　　　　　022

믿음, 확신, 자신감과 신뢰

4제　자신의 능력을 알아가는 시간, '어림하기'　　　　　　　　　030
5제　정확하게 알면 자신감이 샘솟는 '수와 사칙연산 1'　　　　　034
6제　오해 없이 소통하기 위한 방법, '명제'　　　　　　　　　　039

세상을 보는 안목 키우기

7제　세상을 간단, 간결, 단순하게 바라보는 '식'　　　　　　　　046
8제　세상을 한 눈에 보는 힘, '점·선·면·체'　　　　　　　　　050
9제　비어 있음의 의미를 깨우치기, '숫자 0'　　　　　　　　　 055
10제　닮아서 좋은 '닮음'　　　　　　　　　　　　　　　　　　059
11제　세상을 바라보는 안목을 넓히는 '통계와 그래프'　　　　　064

지혜로운 삶을 위한 수학

12제　체계, 논리, 합리적인 문제 해결, '방정식'　　　　　　　　072
13제　해 보지 않아도 알 수 있는 '규칙 찾기와 함수'　　　　　　078
14제　모양마다 다른 쓰임새가 있는 '평면도형, 입체도형'　　　 083
15제　물건을 한 번에 쉽게 찾게 하는 '분류하기'　　　　　　　 087

목차

밝고 지혜로워지는 수학 이야기

16제	효율적으로 세는 방법, '뛰어 세기와 묶어 세기'	092
17제	현명한 결정을 위한 '대푯값'	096
18제	모든 일에는 순서가 중요해, '순서'	102
19제	위치를 정확하게 알기 위한 '좌표'	108
20제	최고의 선택을 위한 '경우의 수'	113

균형감과 공정함

21제	균형감 있고 공정한 모양, '원과 구'	121
22제	좌우가 같아서 좋은 '대칭'	126
23제	균형감과 공정함의 수, '숫자 3'	132

열린 마음과 너그러움

24제	열린 마음의 중요성, '차원'	138
25제	여유롭고 넉넉한 마음, '부등식과 범위'	142
26제	우리는 하나, '집합'	146

희망과 용기

27제	희망과 긍정의 마음과 마음가짐, '가능성과 확률 1'	152
28제	할 수 있다! 하면 된다! 될 때까지 한다! '가능성과 확률 2'	158
29제	새롭게 시작할 수 있는 힘, '주기'	162
30제	꿈을 이루기 위한 밝은 습관, '수와 사칙연산 2'	166

밝고 지혜로워지는 수학 이야기

목차

모두의 행복을 위한 수학

31제 모두를 위한 기준과 원칙, '단위'	174
32제 모두를 위한 약속, '순서와 규칙'	179
33제 모두가 행복한 '나누기'	184
34제 노력한 만큼 공평하게, '비례배분'	188
35제 누구에게나 똑같은 기회를 주는 '약수와 공약수'	192
36제 모두에게 좋은 것 찾기, '비·비율·비례'	197

에필로그 마무리하는 글 204

밝고 지혜로워지는 수학 이야기

자신과 일상에 대한 사랑과 감사함

1제   세상에 하나뿐인 나는 소중해, '숫자 1'
2제   둘이라서 의미가 있는 '숫자 2'
3제   자신과 일상에 감사하게 되는 마음, '확률'

제1

세상에 하나뿐인 나는 소중해, '숫자 1'

- 무언가가 있다는 것을 숫자로 표현한다면 몇일까?
- '존재한다'는 것만으로도 소중하다는 것을 수학에서는 어떻게 표현할까?

숫자 1은 수학에서 다양한 의미를 내포하고 있는 참 중요한 숫자입니다. 숫자 1의 가장 큰 역할은 개수를 나타내는 데 사용된다는 것입니다. 한 개를 셀 수 있어서 두 개, 세 개도 셀 수 있듯이 모든 수량의 시작이 되는 숫자가 1이지요. 또 1은 모든 측정의 기준이 됩니다. 숫자 1이 단위의 기준 숫자가 되어 측정하려는 사물이 얼마나 긴지, 넓은지, 무거운지, 공간을 많이 차지하는지 등을 여러 단위(길이, 넓이, 무게, 부피 등)를 사용해 정확한 숫자로 표시할 수 있게 됩니다.

그런데 우리는 세상에 하나밖에 없는 것을 표현할 때도 '1'이라는 숫자를 사용합니다.

> **숫자 1의 다양한 의미**
>
> ① 개수
> ② 기준(단위, 순서 등)
> ③ 고유성

그럼 우리 일상생활에서 함께하고 있는 주변의 물건들을 숫자로 표현해 볼까요? 내 연필과 책상 등을 모두 숫자 1로 표현할 수 있습니다. 물론 한 개라는 의미의 개수를 나타내는 숫자 1의 의미로도 볼 수 있지만 다른 의미로 본다면 심지어 같은 종류의 물건이라고 하더라도 특정한 시간과 공간에 있는 것은 세상에 하나밖에 없다는 의미를 포함하고 있어 고유함을 나타내는 1로도 볼 수 있습니다.

그렇다면 물건뿐만 아니라 '나' 자신을 숫자로 표현해 보면 숫자 몇으로 나타낼 수 있을까요? 나를 숫자 1로 표현한다면 많은 사람 중에서 1명을 의미하는 숫자 1로 표현할 수도 있고, 내가 우리 가족 중 첫째 자녀이면 첫 번째 순서를 의미하는 1이 될 수도 있습니다. 또 고유성의 의미로 본다면 세상에 하나뿐인 나 자신으로서의 '1'이 되기도 합니다. 이 중에서 고유성의 의미가 있는 숫자 1에 대해 좀 더 알아보겠습니다.

제1 세상에 하나뿐인 나는 소중해, '숫자 1'

여기에 사과가 한 개 있습니다. 숫자로는 '1'이라고 표현할 수 있겠지요.

▲ 사과 1개

여기에 오렌지도 한 개 있습니다. 오렌지 역시 숫자로는 '1'이라고 표현할 수 있습니다.

▲ 오렌지 1개

개수의 관점에서 살펴보면 숫자 1은 사과와 오렌지가 각각 1개 있음을 의미합니다. 그런데 고유성의 관점에서 본다면 위의 사과와 오렌지가 '1'이라는 것은 세상에 단 하나뿐인 사과와 오렌지라는 의미가 포함되어 있습니다. 실제로 위의 사과와 오렌지는 모두 존재하는 그 자체로는 세상에 하나뿐입니다. 물론 같은 종류의 수많은 다른 사과와 오렌지가 있지만 좀 더 세밀하게 접근한다면 조금씩 모양이나 크기 그리고 색깔이 다르고 무엇보다 사진을 찍을 당시의 시간과 공간에 존재

13

했던 사과와 오렌지는 딱 하나뿐인 것입니다.

그런데 만약 세상에 하나뿐인 오렌지가 자신이 오렌지라는 사실이 마음에 들지 않아 사과처럼 빨갛고 단단해지기를 원하거나, 세상에 하나뿐인 사과가 오렌지처럼 색이 연해지고 말랑말랑해지기를 바란다면 어떻게 될까요? 그 모습이 어딘가 어색하고 조금 이상해 보일 것입니다. 사과는 사과 그 자체로, 오렌지는 오렌지 그 자체로 자신의 환경에서 무럭무럭 자라며 자신만의 색깔과 크기, 모양을 지니게 된 것은 자연스럽고 아름다우며 가치 있는 일입니다. 고유한 존재 그대로의 모습이 충분히 소중한 것이니까요.

과일뿐만 아니라 사람도 마찬가지입니다. 우리는 모두 각자 다르게 존재하며 세상에 하나뿐인 고유한 존재 '1'로서 존재합니다. 너무나 당연한 이야기로 보이지만 실제로 우리가 자신을 그렇게 세상에 하나뿐인 소중하고 고유한 존재로 인식하며 살고 있는지, 숫자 '1'을 통해 한 번쯤 돌아볼 필요가 있습니다.

그런데 정작 우리는 자신의 존귀함을 보고 살아가기보다는 다른 사람들과 비교하면서 자신의 존재 가치를 인식하려고 하는 경우가 많습니다. 사실 수학의 고유성 관점에서 본다면 나도 상대방도 고유한 '1'로서 존재하므로 비교하는 것은 무의미한 일임에도 이런 비교는 여전히 자주 일어나지요.

사람들은 세상에 하나뿐인 물건이라면 너무 소중하고 귀중하며 가치 있다고 생각하는데 정작 나 자신도 스스로를 그렇게 귀중하게 생각하는지를 되짚어 보게 됩니다. 게다가 나 자신이 세상에 하나뿐인 소중하고 귀한 존재라고 생각한다면 그만큼 내 옆에 있는 가족과 친구들도 모두 세상에 하나뿐인 소중하고 귀한 존재일 것입니다.

숫자 1의 고유성의 의미를 통해 자신과 주변을 객관적으로 바라보니 세상에 하나뿐인 자신을 좀 더 아끼고 사랑하면서, 그만큼 주변 사람들도 자신과 마찬가지로 인정하고 존중하며 배려해 주고 싶은 마음이 드네요.

숫자 1이 주는 밝고 지혜로워지는 메시지

숫자 1의 의미는 무엇일까요? 바로 자신이 세상에서 하나뿐인 소중한 존재임을 숫자 1이 이야기해 주고 있습니다. 아울러 다른 친구들도 마찬가지로 모두 고유한 숫자 1로 표현할 수 있음을 통해 내가 소중한 만큼 우리 모두가 각자 세상에 하나뿐인 소중한 존재임을 잊지 않기를 바랍니다.

제2

둘이라서 의미가 있는 '숫자 2'

- 내 몸에 있는 숫자를 찾아볼까?
- 내 몸의 신체 부위를 숫자로 표현해 볼까?

    이번에는 숫자 2에 관해 이야기해 보겠습니다. 숫자 2는 단순히 개수가 2개라는 뜻도 있지만 숫자 2가 가진 수리적인 의미가 있습니다. 먼저, 우리 몸을 살펴볼까요?

    우리 몸을 살펴보면, 하나가 아닌 쌍으로 존재하는 것이 의외로 많습니다. 눈도 2개이고 콧구멍도 2개이며 귀도 2개입니다. 물론 눈썹도 2개이고 팔다리도 각각 2개씩 있으며 손도 2개입니다. 이렇게 둘이라서 좋은 점은 무엇일까요?

    예를 들어 눈이 2개라서 좋은 점은 무엇일까요? 한쪽 눈을 감고 세상을 바라보거나 안대를 쓰고 일상생활을 해보면 금세 알 수 있습니다. 바로 눈이 하나가 아닌 2개이기 때문에 우리는 3차원 세계를 좀 더 명확하게 입체적으로 볼 수가 있습니다. 두 눈이 있어 우리는 거리가 얼마나 떨어져 있는지를 보다 정확하게 알 수 있지요. 반면에 한쪽 눈으로만 보면 시야가 좁아지고 거리감이 약해지게 됩니다.

17

제2 둘이라서 의미가 있는 '숫자 2'

　귀가 2개라서 좋은 점은 무엇일까요? 두 개의 귀 덕분에 우리는 단순히 소리를 듣는 것을 넘어, 소리가 어디에서 나는지 정확하게 파악할 수 있습니다. 실제로 한쪽 귀를 막고 소리를 들어보면 소리는 들리지만 어디에서 나는 소리인지 명확하지 않아 혼란스러운 상황에 놓이게 되는데요. 귀가 2개이기에 우리의 뇌는 소리가 두 귀에 도착하는 시간 차이를 분석하여 소리가 나는 방향을 정확히 알 수 있게 됩니다.

　손과 팔 그리고 다리가 2개라서 좋은 점은 일상생활에서 자연스럽게 느낄 수 있습니다. 우리는 물건을 들고 나르거나 무언가를 조립하는 경우 한 손만으로 작업

하기 어려워 다른 손이 보조하거나 협력해야 일이 잘되는 경우를 늘 경험하게 됩니다. 두 다리가 아닌 한 발만으로는 잠시 뛰기만 해도 얼마 가지 못하고 지치게 됩니다. 그래서 다리가 2개라서 얼마나 감사한 일인지 알 수 있습니다.

 놀랍게도 콧구멍이 2개인 이유 중 하나는 숨을 편하게 쉬기 위함인데요. 만약 콧구멍이 하나뿐이었다면 숨을 계속 쉴수록 점막이 부풀면서 공기가 드나드는 통로가 좁아져 숨이 답답해지는 등의 어려움을 겪었을 것입니다. 또한 감기에 걸려 코가 막히게 되면 콧구멍이 2개일 때보다 1개일 때 훨씬 숨쉬기가 힘들어질 것입니다. 다행히 콧구멍이 2개이기에 콧구멍 한쪽이 지치거나 문제가 생겨도 다른 쪽이 그 기능을 담당하며 서로 번갈아 가면서 협력하여 일해 주니, 우리는 꾸준히 편안한 숨을 쉴 수 있게 되는 것이지요. 참 신기하지요?

이처럼 우리 몸에 하나가 아니라 둘로 존재하는 신체 부위들이 있어, 우리는 보다 정확하게 세상을 보고 들을 수 있으며 편안하게 숨을 쉴 수 있고 좀 더 수월하게 이동하거나 물건을 드는 등 일상생활을 원활하게 해 나갈 수 있습니다.

숫자 2를 통해 둘이어서 좋은 점들을 우리 몸의 예를 들어 이야기해 보았습니다. 우리 몸뿐만 아니라 일상에서도 둘이어서 좋은 것들이 많습니다. 예를 들어 젓

제2 둘이라서 의미가 있는 '숫자 2'

가락도 1개가 아니라 2개가 한 쌍이 되어 음식을 잘 집을 수 있지요. (그렇다고 젓가락 3개를 쓰면 오히려 사용하기가 불편할 것입니다.) 전구 스위치도 온/오프 2개가 있어 필요할 때 켜서 사용하고 필요 없을 때는 끌 수 있도록 만들어졌습니다. 또한, 무겁거나 부피가 큰 물건을 들 때 혼자보다는 두 사람이 함께 힘을 합치면 훨씬 수월하다는 것을 우리는 경험을 통해 잘 알고 있습니다.

이렇게 자신의 몸을 들여다보고 일상을 살펴보니, 둘이 함께일 때 비로소 의미가 있는 것들이 참 많다는 것을 새삼 깨닫게 됩니다. 숫자 2를 통해 나와 주변에 대한 감사함을 다시금 느끼게 되네요.

숫자 2가 주는 밝고 지혜로워지는 메시지

둘이어서 좋은 점에 대해 이야기해 보니 함께하는 것이 좀 더 소중하게 느껴지며 혼자가 아니라 둘이라서 감사한 마음이 절로 일어납니다. 둘이라서 더욱 잘할 수 있다!

제3

자신과 일상에 감사하게 되는 마음, '확률'

- 내가 태어날 확률은 얼마나 될까?
- 내가 사용하는 핸드폰이 잘 작동하지 않을 확률은 얼마나 될까?

오늘 비가 올 확률, 취업에 성공할 확률, 내가 산 복권이 당첨될 확률 등 우리는 일상에서 확률이라는 단어를 많이 접하게 됩니다. 확률은 한마디로 말해 일어날 가능성이 얼마나 되는지를 숫자로 표현한 것을 의미합니다.

> 확률 : 하나의 사건이 일어날 수 있는 가능성을 수로 나타낸 것

세상에는 다양한 확률이 있지만 먼저 나에게 집중해서 지금의 내가 태어날 확률을 숫자로 표현해 보겠습니다. 유전학 측면에서 살펴보면 사람의 유전 정보가 들어 있는 염색체는 23쌍이 있고, 각 한 쌍마다 2개의 염색체가 있습니다. 아이는 태어날 때 각각의 염색체 쌍에 대해 엄마로부터 1개, 아빠로부터 1개를 받습니다. 하나의 염색체 쌍에 대해 아이가 부모로부터 받을 가능성의 수를 생각해 보면 엄마와 아빠가 각각 2개씩 가지고 있으므로 한 쌍에 대해 나올 수 있는 조합은 총 네 가지가 됩니다. 그렇다면 '나'라는 염색체 조합이 나올 확률은 얼마나 될까요?

3제 자신과 일상에 감사하게 되는 마음, '확률'

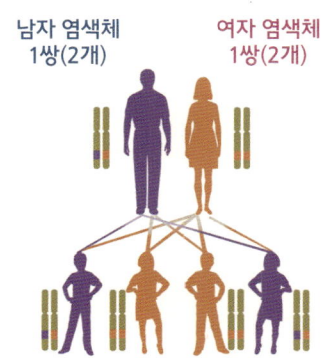

남자 염색체 1쌍(2개) 여자 염색체 1쌍(2개)

남녀 염색체 1쌍에서 나올 수 있는 조합
$2 \times 2 = 4$

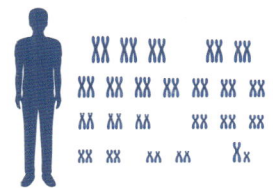

남자 염색체 총 23쌍

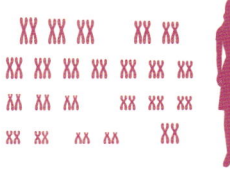

여자 염색체 총 23쌍

총 23쌍에서 나올 수 있는 조합
$4 \times 4 \times 4 \ldots \times 4 = 4^{23}$

▲ 남녀 염색체와 조합의 예

    확률을 계산해 본다면 엄마와 아빠의 각 염색체 쌍마다 나올 수 있는 조합이 네 가지인데 총 염색체가 23쌍이 있으므로 모두 곱하면 4를 23번 곱한 것만큼의 가능성 중에서 태어난 존재가 바로 나입니다. 이를 계산해 보면 70조 3,687억 4,417만 7,664가지의 경우의 수가 나오게 됩니다. 70조라는 숫자는 2024년 기준 약 80억 명에 이르는 우리 지구의 인구와 비교해도 정말 어마어마한 수치인데요. 도저히 가늠할 수 없는 엄청나게 큰 수인 70조 이상의 가능성 중에서 한 가지 조합(70조분의 1의 확률)으로 내가 태어난 것입니다. 이렇게 수학을 통해 바라보니 내가 이렇게 존재한다는 것 자체가 굉장히 놀라운 일인 것 같은데요.

$$\text{내가 존재할 확률} \fallingdotseq \frac{1}{70{,}000{,}000{,}000{,}000}$$

이처럼 낮은 확률로 우리가 태어나 존재하게 된 사실을 알게 되니 자신이 좀 더 소중하고 귀하게 느껴지며, 존재할 수 있음에 감사하게 됩니다.

그러면 이제 내가 사는 일상을 살펴보겠습니다. 우리는 이동하기 위해 자동차를 자주 타게 되는데요. 이 자동차 하나를 만드는 데 사용되는 부품의 수가 약 3만 개나 된다고 합니다. 그러니까 3만 개의 부품을 한데 모은 결과 자동차가 작동하는 것입니다. 그런데 부품을 많이 만들다 보면 당연히 불량품이 나올 수 있지만 요즘 기술이 많이 발달하고 자동화 시스템이 잘 갖추어져 있으므로 불량품이 거의 없다고 가정해 보겠습니다. 예를 들어 자동차 부품 중 1개가 잘 작동할 확률이 99.99%라고 한다면 부품을 1만 개 만들었을 때 딱 1개만 고장이 난다는 것을 의미합니다. 그리하여 잘 작동할 확률이 99.99%입니다.

그런데 이러한 자동차 부품이 3만 개이고 이 중 자동차가 운행하기 위해 필수적으로 필요한 부품 수가 2만 개라면 2만 개가 모두 정상 작동해야 자동차가 고장이 나지 않고 잘 작동하겠지요. 그렇게 되면 0.9999를 2만 번 곱하게 되어 자동차가 정상적으로 작동할 확률이 크게 낮아집니다.

자동차가 정상적으로 작동할 확률

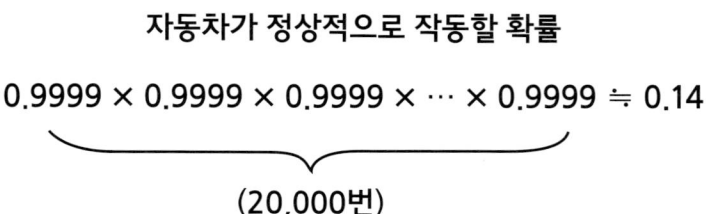

$0.9999 \times 0.9999 \times 0.9999 \times \cdots \times 0.9999 \fallingdotseq 0.14$

(20,000번)

제3장 자신과 일상에 감사하게 되는 마음, '확률'

실제로 100대를 생산하면 약 14대 정도만 제대로 작동하는 것을 기대할 수 있는 것입니다. 그러니까 부품 하나당 불량률이 굉장히 낮아도 100대 중에서 단지 14대 정도만 정상 작동하고 나머지 86대는 불량이 나는 것입니다.

이번에는 좀 더 기준을 높여서 부품이 1억 개 중에 딱 1개만 고장 난다는 상황을 가정하면, 자동차는 1만 대 중에 9,998대가 정상적으로 작동한다고 할 수 있습니다. 이렇게 불량률이 낮아도 약 2대에서 불량이 날 수 있지요.

수학의 확률로 보니 우리가 매일 자동차를 타고 별 탈 없이 원하는 곳을 다녀올 수 있는 일이 사실은 굉장히 놀라운 일임을 알 수 있습니다. 이는 자동차를 만든 사람들의 엄청난 정성과 노력의 산물인데요. 이렇게 불량률이 낮을 수 있도록 일을 해 준 덕분에 우리가 무탈하게 차를 타고 다니고 편하게 또 하루하루 보낼 수 있다는 생각에 감사한 마음이 절로 일어납니다.

우리가 사용하는 휴대폰도 마찬가지입니다. 보통 하나의 휴대폰을 만드는 데 부품이 약 700개에서 1,000개 정도 들어간다고 합니다. 자동차와 마찬가지로 스마트폰의 부품들이 모두 잘 작동해서 매일 전화나 문자를 하고, 어떤 기능을 사용하는 데 지장을 받지 않고 생활할 수 있는 것도 수학의 확률로 보면 굉장히 감사한 일인데요. 그런데 정작 우리는 일상에서 휴대폰이 잘 작동되는 것을 당연하게 생각하게 되어 어떤 기능이 잘 열리지 않거나 느리게 움직이거나 멈추면 기분이 안 좋고 '왜 이렇게 작동을 안 하지? 왜 이렇게 느려!'라고 불평을 하는 경우가 많습니다. 하지만 수학의 확률로 보니 우리가 매일매일 휴대폰을 이상 없이 잘 사용하고 있다는 것 자체가 굉장히 기적 같은 일임을 새삼 인식하게 됩니다.

비행기는 자동차보다 훨씬 더 크고 복잡한 운송 수단입니다. 비행기는 대형 항공기를 하나 만드는 데 부품 수가 약 400만 개가 들어간다고 하는데요. 물론 사고와 직결되는 핵심 부품들은 그보다 적겠지만 그럼에도 400만 개나 되는 부품들이 제구실을 해내며 비행기가 매일 전 세계적으로 수천 대씩 이륙이나 착륙을 하는 상황에서도 무탈할 수 있는 것 자체가 엄청나게 놀라운 일인 것 같습니다.

그런데 이 자동차나 비행기보다 더 복잡하고 정교하며 정밀한 것이 인간의 몸입니다. 우리 몸은 성인 기준으로 약 30조 개의 세포로 구성되어 있으며, 이렇게 많은 세포 하나하나만 살펴보더라도 굉장히 복잡합니다. 그런데 이러한 세포들로 구성된 신경계, 내분비계, 순환계, 호흡계, 소화계, 골격계 등 다양한 조직들의 기능 및 조직 간의 연결까지 고려한다면 우리가 항상성을 잘 유지하면서 건강하게 하루하루를 보낼 수 있다는 것 자체가 정말 놀라운 일이라고 할 수 있습니다. 수학의 확률 측면에서 살펴보면 내 몸에서 발생할 수 있는 셀 수 없이 많은 변수를 고려할 때 몸의 어느 부분이 좀 불편하거나 아플 수 있는 일이 확률적으로 충분히 일어날 수 있는 일이니까요. 확률을 공부하며 이렇게 우리가 편안하게 일상을 영위한다는 것 자체가 사실은 절대 당연하지 않은, 정말 감사한 일임을 우리 몸을 통해서도 확인하게 됩니다.

제3 자신과 일상에 감사하게 되는 마음, '확률'

어흥이의 일상

확률이 주는 밝고 지혜로워지는 메시지

수학의 확률을 통해 우리가 세상에 존재하고 일상이 무탈하게 돌아간다는 것 자체가 굉장히 드문 일임을 깨닫게 되니 자신이 얼마나 귀하고 소중한지를 돌아보게 되고 탈 없는 일상에 감사하게 되네요.

밝고 지혜로워지는 수학 이야기

믿음, 확신, 자신감과 신뢰

4제   **자신의 능력을 알아가는 시간, '어림하기'**
5제   **정확하게 알면 자신감이 샘솟는 '수와 사칙연산 1'**
6제   **오해 없이 소통하기 위한 방법, '명제'**

4제

자신의 능력을 알아가는 시간, '어림하기'

- 나에게 엄청난 수학적 능력이 숨겨져 있다면?
- 대략 어느 정도인지만 알아도 충분히 괜찮은 상황은 언제일까?

 수학이 부담스러운 이유 중의 하나는 바로 정확해야 한다는 것이 아닐까요? 그런데 우리가 일상을 살아가다 보면 무언가를 정확하게 파악하는 것보다는 오히려 대강 어림잡아 파악하는 것이 더욱 빠르고 효율적일 때도 있습니다. 이렇게 복잡한 수를 대략적인 범위로 간단히 표현하는 것을 수학에서는 '어림하기'라고 합니다.

> 어림하기 : 복잡한 수를 간단히 표현하기 위해 대략적인 범위를 추정하는 것

아래 그림에서 점의 개수는 대략 몇 개 정도 될까요?

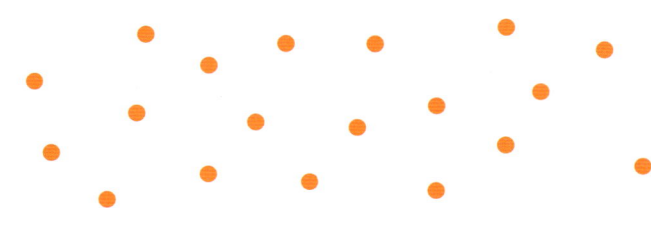

▲ 점의 개수를 어림하기

4제 자신의 능력을 알아가는 시간, '어림하기'

그림을 보고 우리는 정확하게 낱낱이 세지 않아도 점의 개수가 대략 10개는 넘을 것 같다는 생각을 빠르게 할 수 있습니다. 그리고 사람들은 대부분 2~3개라고 말하거나 100개가 넘는다고는 하지 않을 것입니다. 이것이 바로 우리가 어림하기라는 수학적 능력을 갖추고 있음을 보여주는 좋은 사례 중의 하나가 될 것으로 보입니다. 일상의 많은 상황 속에서 우리는 이러한 능력을 발휘하며 살고 있습니다.

식재료를 구매하기 위해 시장이나 마트에서 물건을 고를 때 이런저런 물건을 사면 대략 비용이 얼마 정도 나올지를 추정해 보며 장바구니에 물건을 담는 것도 어림하기입니다. 또 방울토마토 같은 과일이나 양파와 같은 채소를 살 때 대략 한 봉지에 몇 개나 들어 있는지를 빠르게 파악하는 것도 어림하기 능력을 발휘하는 것입니다.

이러한 어림하기 또한 수학적 사고 중의 하나이므로 우리는 모두 기본적인 수학적 능력을 갖추고 있다고 볼 수 있습니다. 이러한 능력을 사용하여 우리는 돈을

일상 속 어림하기 상황의 예

① 마트에 갔을 때 내가 가진 돈으로 무엇을 살 수 있을지 또는 얼마나 샀는지를 가늠해 보는 경우
② 과일을 고를 때 하나하나 무게를 재어보지 않고 더 큰 것을 눈으로 어림해서 고르는 경우
③ 학교에 갈 때 시간이 얼마나 걸릴지를 예상하는 경우
④ 식당에 사람이 대략 몇 명 정도 있는지를 쓱 훑어보며 파악하는 경우
⑤ 매표소 앞에서 사람들이 길게 줄을 서 있는데 얼마나 기다려야 할지를 예상해 보는 경우

셀 때도 대략 얼마 정도 되는지를 빠르게 파악하기도 하고, 카페를 가거나 식당을 가면 손님이 몇 명 정도 되는지를 낱낱이 세지 않아도 대략 빠르게 파악할 수 있습니다. 또 집에서 가구를 옮길 때도 이 공간에 가구가 들어갈지를 쉽게 가늠해 볼 수 있고, 요리할 때 이 정도 양이면 3명이 충분  히 먹을 수 있을지를 일상에서 자연스럽게 예상할 수 있습니다.

또 자동차로 어떤 장소를 찾아갈 때도 내비게이션을 이용하기 전에 대략 어느 정도 걸릴 것이라고 예상해 보며 적절한 출발 시각을 어림잡아 헤아려 봅니다. 공

연을 보러 가거나 물건을 구매하기 위해 외출하거나 은행에 일을 보러 갈 때도 줄을 서서 기다려야 하는 경우 대략 어느 정도 기다리게 될지를 가늠해 보게 됩니다.

이렇게 우리는 평소 엄청난 수학적 능력을 발휘하며 살아가고 있음을 알 수 있지요. 사실 일상에서 늘 정확하게 파악하려 하지 않고 오히려 어림할 때가 보다 효율적인 경우도 많다는 점을 고려한다면, 정답을 빠르고 정확하게 잘 맞히는 수학적 능력과 함께 어림하기를 잘할 수 있는 능력 자체가 굉장히 놀라운 수학적 감각임을 인정할 필요가 있습니다. 이렇게 자신이 어림하기라는 대단한 능력을 보유하고 있음을 아이들이 당연시 여기지 않는다면 그러한 자신의 능력을 인정하며 수학에 대해 좀 더 자신감을 가지게 되고 그러한 자신감을 바탕으로 어림하기를 통해 일상을 더욱 지혜롭게 살아가게 될 것입니다.

또 어림하기가 대단한 능력이라는 마음으로 아이들의 수학 공부를 바라본다면 좀 더 여유롭고 넉넉한 마음가짐을 유지하며 아이들의 시행착오 과정을 응원해 줄 수 있을 것입니다. 아이들이 좌충우돌하며 시행착오를 거치는 과정은 어쩌면 어림하기를 통해 정답을 찾아 나가고 있는 과정일 테니까요.

어림하기가 주는 밝고 지혜로워지는 메시지

우리는 일상생활에서 어림하기를 자주 하는데 어림하기를 할 줄 아는 능력 자체가 굉장히 놀라운 수학적 능력입니다. 자신의 수학적 능력을 어림하기를 통해 일깨우며 수학에 대한 자신감을 좀 더 키워나가면 좋겠습니다.

제5

정확하게 알면 자신감이 샘솟는
'수와 사칙연산 1'

- 우리 집 주소는 어떤 방식으로 표현된 것일까?
- 왜 숫자로 표현하는 것일까?
- 도착 시간을 정확히 알게 되면 어떤 점이 좋을까?

앞서 어림하기의 중요성에 대해 살펴보았는데요. 그런데 어림하기의 능력도 물론 중요하지만 수학의 가장 큰 장점 중의 하나를 꼽으면 바로 정확성입니다. 수학 과목을 언급하면 먼저 매번 정확하게 정답을 맞혀야 한다는 생각이 앞서게 되어 종종 부담감이 커지기도 합니다. 하지만 그럼에도 수학이라는 학문은 숫자와 기호를 사용해 막연하고 애매하고 모호한 것을 정확하고 명확하게 표현할 수 있는 커다란 장점이 있습니다. 그리하여 세상의 이치와 원리를 정확하고 명쾌하게 파악하게 해주고 사람들과 교류하고 공감하며 소통할 때 상호 간 신뢰를 형성하고 불필요한 오해를 줄여 주기도 합니다. 그중에서도 수와 함께 그 수를 더하고 빼고 곱하고 나누는 과정인 사칙연산이 있어 우리는 세상의 이치와 원리를 보다 정확하고 명확하게 파악할 수 있고 삶의 문제를 더욱 지혜롭게 해결해 나갈 수 있습니다.

먼저, 숫자를 사용해 정확하게 파악하게 되면 시행착오를 줄여 나갈 수가 있습니다. 예를 들어 어느 장소를 찾아가더라도 명확한 숫자로 표기된 GPS 좌표를 이용하면 정확하게 목적지를 찾아갈 수 있게 됩니다. 또한 "점심 먹고 조금 이따가 만나자."라고 대충 약속을 정하는 것보다는 "점심 먹고 1시에 만나자."라고 말한다면 서로 너무 오래 기다리거나 엇갈리지 않고 같은 시각에 만날 수 있겠지요. 대중교통을 이용할 때도 우리는 정확한 출발 시각 또는 대기 시간을 알 수 있는

체계가 있어서 제시간에 버스 또는 기차를 탈 수 있습니다. 그뿐만 아니라 정확한 시각을 알게 되면 "1시 20분 출발인데 지금 1시니까 20분 동안 다른 일을 하면 되겠네."라고 생각할 수 있는 여유를 가질 수 있게 되며 시간을 보다 유용하게 쓸 수도 있을 것입니다.

이와 마찬가지로 수로 표현해 객관적이고 분명하게 의미를 전달함으로써 오해를 줄일 수도 있게 됩니다. 예를 들어 부모로서 아이가 휴대전화 게임을 너무 오랫동안 한다고 느끼는 경우 어떻게 이야기하면 좋을까요? 만약에 "휴대전화 게임을 조금만 더 하고 그만 하렴."이라고 말하면 이후 어떤 일이 일어날까요? 아마도 조금만이라고 말한 단어의 모호함 때문에 오해가 생길지도 모릅니다. 특히, 아이가 생각하는 조금만은 1시간이고 어른들이 말하는 조금만의 의미가 5분 정도로 그 차이가 매우 크다면 부모는 "왜 아직도 게임하고 있니?"라고 묻게 되고 아이는 "조금만 더 하기로 했잖아요!"라고 답하며 다툼이 생길 수도 있습니다. 이와 마찬가지로 약속 시각에 늦어서 양해를 구할 때도 "곧 도착할 것 같아."라고 말하는 것보다는 "10분 후에 도착할 것 같아."라고 말한다면 상대방이 좀 더 기다리게 되더라도 오해를 덜 할 수 있고, 이는 기다리는 상대방에 대한 예의이자 배려이기도 합니다.

수와 마찬가지로 사칙연산 역시 일상에서 정확성이 필요한 상황에 놓였을 때 빛을 발휘합니다. 예를 들어 내가 산 물건이 총 얼마만큼 할인되는 것인지를 정확히 알고 싶거나, 어느 물건이 얼마만큼 더 저렴한지를 비교하고자 할 때 사칙연산을 자연스럽게 사용해 계산합니다. 실제로 마트에서는 물건을 구매할 때 정확하게 몇 개의 제품을 얼마에 샀는지 사칙연산으로 자동 계산해 주는 기기를 이용해 서로 믿고 금액을 지급하게 됩니다. 그리고 혹시 계산이 잘못되었더라도 구매하는 사람 역시 사칙연산으로 정확하게 계산해 볼 수 있어서 이후 지급 문제가 발생하면 이의를 제기할 수 있기 때문에 사칙연산은 판매자와 구매자 모두에게 꼭 필요한 도구입니다. 또한 가계부를 작성하거나 휴대폰 요금 또는 전기 요금 등이 올바르게 청구되었는지를 확인해 볼 때도 우리는 사칙연산을 자연스럽게 사용합니다. 은행 거래, 세금 계산, 이자 계산을 할 때도 사칙연산으로 정확하게 금액을 계산하여 자산을 관리하고 요금이나 세금을 정확하게 지불합니다.

이처럼 중요한 수와 사칙연산의 의미를 통해, 정확해야 한다는 부담감을 가지기에 앞서 정확하기 때문에 좋은 점들을 먼저 바라보고 수학을 좀 더 편안하게 받아들이며 일상 속 자신의 삶에 잘 활용해 보면 좋을 것 같습니다.

수와 사칙연산이 주는 밝고 지혜로워지는 메시지

정확하게 알면 어떤 점이 좋을까요? 수학의 숫자로 정확하게 표현해 의사를 전달하면 불필요한 오해 없이 보다 명확하게 소통할 수가 있으며, 사칙연산을 사용하여 정확하게 계산을 함으로써 상호 간의 신뢰를 가지고 일상에서 물건을 사고 여러 비용들을 확인할 수 있습니다. 결국 수와 사칙연산을 배우고 활용하게 되면 좀 더 믿음을 가지고 자신감이 넘치는 삶을 살아갈 수 있게 될 것입니다.

제6

오해 없이 소통하기 위한 방법, '명제'

- 서로 오해 없이 소통을 잘하려면 어떻게 해야 할까?
- 상대방을 잘 설득하려면 어떻게 해야 할까?

수학에서 명제는 참과 거짓이 분명한 문장이나 식을 말하는데요. 명제라는 수학 개념은 왜 필요하고, 우리 삶에 어떤 의미가 있을까요?

명제 : 참과 거짓이 분명한 문장이나 식

먼저, 명제의 정의에 대해 구체적인 예를 들어 살펴보겠습니다. 두 사람이 각각 아래와 같이 말한다면 어떤 사람이 말한 문장이 명제일까요?

학생 A : 국수는 맛있다.
학생 B : 국수는 음식이다.

명제는 누구나 납득할 수 있는 명확한 기준으로 참과 거짓을 말할 수 있어야 하므로 정답은 학생 B입니다. 반면에 학생 A가 말한 문장에서 '맛있다'는 표현은 누구나 납득할 수 있는 명확한 기준이 아니므로 명제가 아닙니다. 누군가에게는 국수가 맛있을 수 있지만 누군가에게는 맛이 없게 느껴지거나 그저 그런 음식 중 하나일 수 있어서 기준이 모호한 문장이므로 명제가 될 수 없습니다.

그렇다면 명제를 알게 되면 어떤 점이 좋을까요? 명제는 나의 주장을 보다 설득력 있게 표현하는 데도 중요한 역할을 하는데요. 예를 들어 친구와 과일 가게에서 장을 보다가 한 친구가 이렇게 이야기를 하는 상황이라고 가정해 보겠습니다.

> "사과를 사자. 왜냐하면 사과가 맛있어 보여."

이와 같이 말하면 사과를 사자는 주장이 누구에게나 설득력을 가질 수 있을까요? 사과를 사자고 한 근거가 객관적이며 항상 참이 되는 명제인지를 살펴본다면 경우에 따라 어떤 사람은 그 말에 동의하기가 어려울 수도 있습니다. 사과를 좋아하지 않는 사람도 있기에 맛있게 보인다는 표현을 참과 거짓으로 분명하게 구분하기가 어렵기 때문입니다. 이처럼 명제가 아닌 주관적인 문장을 근거로 사용하게 되면 객관적이지 않아 상대방에게 설득력을 갖추기가 어렵습니다. 그렇다면 어떻게 표현하면 좋을까요?

> "사과를 사자. 왜냐하면 사과를 정가보다 20% 할인해서 판매하고 있거든."

이와 같이 말하면 사과를 사자는 주장에 대한 근거가 객관적이고 명확하므로 사과를 사자는 주장에 보다 힘이 실리게 됩니다.

또 다른 예로 '운동을 해야 한다'는 주장을 펼치기 위해 여러 가지 근거를 들 수 있는데요. 이러한 주장을 뒷받침하는 근거 중 "운동을 해야 한다. 왜냐하면 건강에 좋기 때문이다."라고 말하면 물론 일부분 공감을 일으키기도 하지만 때로는 '좋다'라는 표현이 구체적이지 않고 막연하여 듣는 이에게 혼동을 줄 수 있어 설득력이 약해집니다. 반면에 "한 연구에 따르면 일주일에 5차례 이상 운동을 하면 뇌졸중 발생 확률이 40%가량 낮아진다고 한다."라고 말하면 좀 더 구체적이고 명확한 명제로 표현하고 있어 운동해야 한다는 주장이 보다 설득력 있게 다가옵니다. 이러한 명제를 바탕으로 나의 주장이 옳다는 근거를 제시한다면 정확하고 객관적인 근거를 바탕으로 "운동을 합시다."라는 나의 주장을 더욱 설득력 있게 제시할 수 있습니다.

또 다른 예를 들어 살펴보겠습니다. '지구 환경을 보호해야 한다'고 주장할 때 "이상 기후로 발생하는 환경 문제가 매우 심각하다."라고 말하면 '매우'라는 단어가 주는 모호함이 있기 때문에 설득력이 약해질 수 있습니다. 반면에 "이산화탄소 배출량이 계속 증가하여 2022년에는 330톤에 이르고 작년과 비교하면 5%나 증가한 것이다."라고 말하면 참과 거짓이 분명한 문장이나 식인 명제가 되어 보다 설득력 있게 다가올 것입니다.

6제 오해 없이 소통하기 위한 방법, '명제'

주장 : 지구 환경을 보호해야 합니다.	
근거 1	근거 2
"요즘 이상 기후 때문에 발생하는 환경문제가 매우 심각합니다. 따라서 각자가 노력해서 환경을 지킬 수 있도록 합시다."	"요즘 이상 기후 때문에 환경 문제가 심각합니다. 이산화탄소 배출량이 1990년 이후 계속 증가하여 2022년에는 330톤에 이르고 있습니다. 작년과 비교하면 5%나 증가한 것인데 앞으로 더욱 증가할 추세라고 합니다. 지금부터라도 각자 할 수 있는 실천을 해야 합니다."

결국 자신의 주장을 보다 설득력 있게 전달하려면, 나의 주장이나 의견을 뒷받침하는 모든 문장이 참과 거짓이 분명한 명제로 이루어져 있어야 함을 기본 바탕으로 그 근거가 명확하며 문장의 요소들이 서로 논리적으로 연결되어야 하는데요. 이처럼 명제는 체계적이고 논리적이며 합리적인 사고로 주변과 교류하고 공감하며 소통하는 중요한 토대가 되는 수학 개념입니다.

이처럼 누가 보더라도 명확하게 참이라고 할 수 있는 문장을 우리가 조금씩 더 사용한다면, 오해나 혼동 없이 나의 주장을 보다 설득력 있게 표현하며 서로 더욱 원활하게 교류하고 공감하며 소통할 수 있게 될 것입니다. 그것이 바로 우리가 수학의 명제를 배우는 이유이겠지요.

오늘 하루 자신이 사용하는 말부터 명제의 관점에서 한번 살펴보는 것은 어떨까요?

명제가 주는 밝고 지혜로워지는 메시지

애매하고 모호한 표현이 아니라 정확하고 명확한 표현인 명제로 서로 소통하면 불필요한 오해를 줄일 수 있고 상호 간 신뢰를 바탕으로 자신의 의견을 더욱 효과적으로 설득할 수 있을 것입니다.

밝고 지혜로워지는 수학 이야기

세상을 보는
안목 키우기

7제   세상을 간단, 간결, 단순하게 바라보는 '식'
8제   세상을 한 눈에 보는 힘, '점·선·면·체'
9제   비어 있음의 의미를 깨우치기, '숫자 0'
10제 닮아서 좋은 '닮음'
11제 세상을 바라보는 안목을 넓히는 '통계와 그래프'

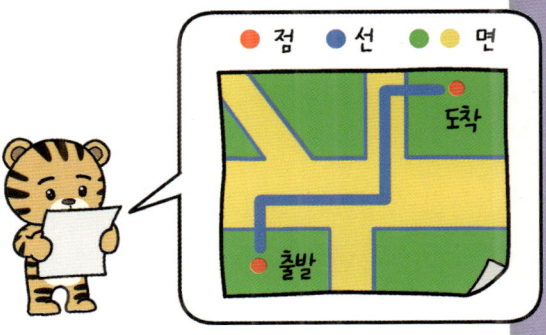

제7

세상을 간단, 간결, 단순하게
바라보는 '식'

- 우리를 힘들게 하는 식과 수학 공식은 왜 생겼을까?
- 수학식이 있어서 좋은 점은?

학창 시절에 수학을 좋아하지 않았다면 '이런 공식은 누가 만든 거지? 귀찮고 어려워.'라는 생각을 한 번쯤은 해 보았을 것입니다. 그렇게 학창 시절에 어렵고 재미없는 문제들과 씨름하며 수학의 식은 복잡하고 어려운 것이라는 고정관념에 사로잡히게 되었을 것으로 보입니다. 그런데 사실 수학의 식은 오히려 복잡한 것을 간단하고 명확하게 해 주는 약속입니다.

> 수학의 식 : 숫자와 문자를 수학에서 약속한 방식으로 표현한 것

글로 작성하면 길어지는 내용을 수학의 식으로 바꾸면 아주 간단하게 표현할 수 있습니다. 아래 마트에서 있었던 이야기를 글과 식으로 표현하여 비교해 보겠습니다.

제7 세상을 간단, 간결, 단순하게 바라보는 '식'

글	식
마트에 가서 바나나를 2,000원 주고 샀다. 그리고 방울토마토를 3,000원에 사고 200원짜리 막대사탕을 5개 산 후 4,000원짜리 아이스크림을 1개 구매했다.	2,000 + 3,000 + (200 × 5) + 4,000

    이처럼 글과 식으로 비교해 본 결과 글로 표현하는 것에 비해 숫자와 기호로 표현했더니 훨씬 간단하고 간결하며 단순해지는 것을 확인할 수 있습니다. 이렇게 간단하고 간결하며 단순해지면 어떤 점이 좋을까요? 어떤 문제를 식을 통해 좀 더 간단하게 표현하게 되면 한눈에 문제의 핵심을 볼 수 있게 되고, 이를 바탕으로 더욱 쉽게 문제를 해결해 나갈 수 있게 됩니다.

또 이러한 식이 있기 때문에 우리는 하나의 원리로 다양한 문제들을 해결해 나갈 수 있게 됩니다. 예를 들어 삼각형의 넓이를 구해야 하는 상황이 되었을 때 삼각형의 넓이는 '밑변의 길이에 높이를 곱한 후 2로 나눈다.'는 공식을 이용해 넓이를 구할 수 있습니다.

$$삼각형의\ 넓이 = \frac{(밑변) \times (높이)}{2}$$

이 삼각형의 넓이를 구하는 공식은 모든 삼각형에 적용될 수 있으므로 어떤 모양이나 크기의 삼각형이라도 이 식을 이용해 어렵지 않게 넓이를 구할 수 있습니다. 게다가 삼각형의 넓이를 구하는 식은 간단한 기호와 숫자로 표현이 가능하므로 사용하는 언어에 상관없이 전 세계 사람들이 이 식을 통해 원리를 쉽게 이해할 수 있습니다. 그리하여 빠르고 효율적으로 문제를 해결해 나갈 수 있어 언어의 장벽을 뛰어넘어 교류하고 공감하며 소통이 가능한 장점도 있습니다.

또 식은 다양한 현상을 하나의 이치와 원리로 표현할 수 있게 해 줍니다. 다시 말해 세상의 이치와 원리를 식으로 간단하고 간결하며 단순하게 표현하여 하나의 식으로 많은 현상을 이해할 수 있게 되는 것입니다. 만유인력의 법칙이나 패러데이의 법칙, 열역학의 법칙 등 과학의 많은 법칙은 곧 세상의 이치와 원리를 하나의 수학식으로 간단하고 간결하며 단순하게 설명하고자 하는 표현방식입니다.

예를 들어 $E=mc^2$(E:에너지, m:질량, c:빛의 속도)이라는 식은 세상의 모든 물질과 에너지와의 관계를 하나의 식으로 정리한 법칙입니다. 이를 통해 우리는 물질이 에너지로 변할 때 어떤 관계로 바뀌는지를 더욱 간단하면서도 명확하게 이해할 수 있습니다. 이러한 법칙 하나로 수많은 다양한 현상들을 하나의 같은 원리로 간단하고 간결하며 단순화해서 바라볼 수 있게 하는 힘이 바로 수학의 식에서 나오는 것입니다.

식이 주는 밝고 지혜로워지는 메시지

식이 복잡하고 어려워 보이지요? 하지만 사실 식은 복잡한 세상 속의 다양한 현상을 간단하고 간결하며 단순하게 표현하여 세상을 한눈에 꿰뚫어 볼 수 있게 해 줍니다. 하나의 법칙으로 많은 것을 이해할 수 있게 된다면 세상의 이치와 원리를 더욱 쉽게 깨우칠 수 있게 되고 그러한 이치와 원리를 자신의 삶의 문제에도 더욱 체계적이고 논리적이며 합리적인 방식으로 잘 적용해 볼 수 있지 않을까요?

제8

세상을 한 눈에 보는 힘, '점·선·면·체'

- 점과 선만으로도 세상의 모든 것을 표현할 수 있을까?
- 복잡한 세상을 간단하게 바라보고 표현하는 방법은 무엇일까?

우리가 사는 세상은 크고 넓으며 복잡하고, 수많은 현상이나 물건도 자세히 들여다보면 절대 단순하지가 않고 복잡하며 섬세한 측면이 있습니다. 그래서 세상 속 다양한 모습을 매번 구체적으로 자세히 표현하기는 쉽지 않고 한눈에 또는 단순하게 바라보는 것은 더욱더 어려운 일인 것처럼 보입니다.

그런데 수학에서는 이것을 가능하게 할 수 있습니다. 바로 점, 선, 면, 체만 있으면 가능합니다.

> 점, 선, 면, 체 : 도형의 기초가 되는 기본 요소로서 점이 모이면 선이 되고, 선이 모이거나 선으로 경계를 이루면 면이 되며, 면이 쌓이거나 면으로 경계를 이루면 입체가 됨

점, 선, 면, 체가 있으면 세상 모든 것을 간단하고 간결하며 단순하게 표현할 수 있게 되는데 점, 선, 면, 그리고 입체라는 수학 개념이 있어서 좋은 점을 좀 더 구

체적으로 알아볼까요?

사람을 점으로 표현하면, 굳이 자세히 묘사하지 않아도 점 하나만으로도 그 사람이 지도상의 어느 곳에 있는지 그 위치를 한눈에 쉽게 파악할 수 있습니다. 다시 말해 점으로 표현하면 위치를 편리하게 나타낼 수 있지요.

그렇다면 선은 어떤 장점이 있을까요? 선은 움직임이나 경로를 표현할 때 유용하게 활용됩니다. 그 경로가 짧고 긴 정도를 수치로 나타낸 것을 '거리'라고 합니다. 경로뿐만 아니라 선은 물체가 얼마나 길고 짧은지에 대한 정도를 간단하게 표현할 때 유용하게 사용됩니다. 다시 말해 길이를 잴 때의 기준이 되는 형태가 바로 선이지요. 또 선은 일일이 세부적인 내부의 모습까지 그리지 않고도 영역의 모습을 단순하게 표현할 때도 유용하게 사용됩니다. 선의 시작과 끝이 만나 그 안쪽이 하나의 닫힌 영역이 될 때 그 영역을 '면'이라고 하는데요. 면은 어떤 장점이 있을까요? 면이 있어서 우리는 실제로 논밭이나 건물 내부 등과 같은 영역들을 단순하게 표현할 수 있고 특정 영역이 얼마나 넓은지를 보다 쉽게 측정할 수도 있게 됩니다.

3차원 영역도 마찬가지입니다. 이제 선을 이용해 면을 표현하게 되었으므로 그 면으로 또다시 경계를 이룬다면 그 영역은 입체가 됩니다. 우리가 사는 세상의 모든 물체는 모두 입체로 되어 있는데 입체가 공간을 얼마나 차지하는지를 '부피'라는 단위를 이용해 나타냅니다.

그리고 입체로 이루어진 세상 모든 것을 간단한 입체도형으로 표현할 수 있습니다. 예를 들어 택배 상자나 냉장고 또는 아파트는 직육면체로 간단히 표현할 수 있고 '구'라는 입체도형으로 축구공, 야구공, 행성, 오렌지 등을 간단히 표현할 수 있습니다. 이렇게 간단히 표현하면 그 물체가 얼마만큼의 공간을 차지하고 있는지 부피도 더욱 쉽게 구할 수 있게 됩니다.

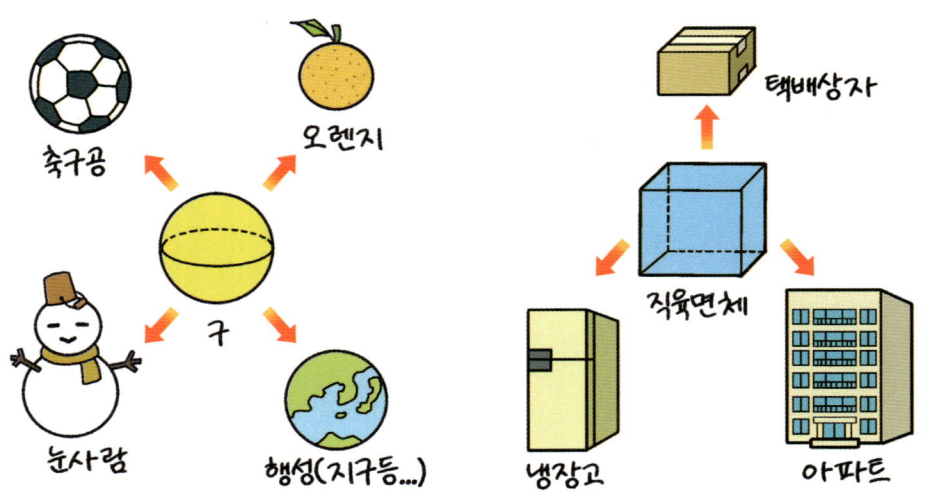

결국 점, 선, 면, 체로 세상 모든 것들을 간단하게 표현할 수 있고, 그렇게 표현하여 위치, 길이, 넓이, 부피를 간편하게 측정하고 구할 수 있게 됩니다.

일상에서도 약도를 그리거나 사물의 모습을 표현할 때, 사람을 그리거나 풍경을 그릴 때도 자연스럽게 점, 선, 면, 체를 이용해 실제 세상의 모습을 간단하게 표현하며 살아갑니다. 그러고 보니 점, 선, 면, 체가 있어 보다 편리하게 세상의 모습을 표현하여 크고 넓고 복잡한 세상도 하나의 종이에 담아낼 수 있습니다.

삼각형, 사각형, 원과 같은 기본 도형이나 직육면체, 정육면체, 구 등과 같은 입체도형들로 단순화해서 바라보면 복잡한 세상 속 사물들의 공통적인 특징들이 더욱 잘 보이며 사물들의 공통적인 속성들을 파악할 수 있게 됩니다. 예를 들어 대부분의 상자는 물건을 담거나 쌓아 올리기 알맞게 공통으로 직육면체나 정육면체 모양이며 축구공, 농구공, 야구공 등은 모두 어느 방향으로든지 잘 굴러갈 수 있도록 '구'라는 입체도형의 형태를 띠고 있는데, 이를 통해 세상을 좀 더 함축적이고 통합적으로 바라볼 수 있게 되는 것입니다. 무엇보다 내 시야 밖에 있는, 한 눈에 들어오지 않는 크고 복잡한 세상의 모습을 점, 선, 면, 체를 통해 간단히 표현해 한눈에 바라볼 수 있음에 점, 선, 면, 체라는 수학 개념의 가치를 새삼스레 인식하게 됩니다.

결국 간단하고 간결하며 단순하게 세상을 바라보고 표현할 수 있게 해주는 수학의 점과 선과 면 그리고 입체가 있어 우리의 안목이 더욱 넓어질 수 있음을 다시 한번 돌아보게 되며 점, 선, 면, 체라는 수학 개념에 감사한 마음이 일어납니다.

점·선·면·체가 주는 밝고 지혜로워지는 메시지

점, 선, 면, 체가 있어 우리의 시야 밖의 크고 넓은 세계도 한눈에 바라볼 수 있고 복잡한 모습이나 물건도 간단하게 표현할 수 있습니다. 나의 안목을 크게 넓혀 주는 점, 선, 면, 체의 가치를 새롭게 바라보며 감사한 마음이 드네요.

제9

비어 있음의 의미를 깨우치기, '숫자 0'

- 아무것도 없는 것을 숫자로 표현해 볼까?
- 비어 있음을 표현하는 것은 어떤 의미가 있을까?

우리는 숫자 0을 자연스럽게 사용하고 살아갑니다. 일상에서 숫자 0은 다양한 역할을 하고 있는데요. 특히, 돈을 셀 때 숫자 0이 없다면 자릿수를 표현하는 데 큰 어려움을 겪게 될 수 있을 것입니다. 이러한 숫자 0은 아주 중요한 의미를 내포하고 있습니다.

> **숫자 0의 의미** : 아무것도 없거나 비어 있음을 의미하기도 하고, 모든 것의 시작이 되는 기준점이 되기도 하며, 큰 숫자들을 표현할 때 자릿수의 역할도 하고 있음

숫자 0은 모든 것의 시작점이 됩니다. 예를 들어 집에서부터 학교까지의 거리를 구할 때 집이라는 시작점이 0이 되어 학교까지의 거리를 숫자로 표현할 수 있게 되는 것입니다. 시간도 마찬가지로 친구에게 "3시간 후에 보자."라고 말했다면 말한 시점이 시작점인 0이 되어 그로부터 3시간이 지난 시간이 몇 시인지를 알 수 있게 됩니다. 거리나 시간뿐만 아니라 무게, 부피, 온도 등의 모든 단위는 바로 0

에서부터 시작되므로 0이 시작점으로서 가지는 무게감이 엄청나게 커 보입니다.

 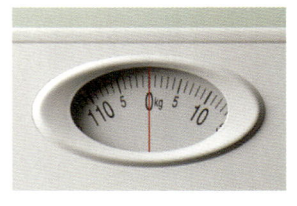 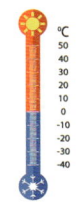

▲ 자   ▲ 체중계   ▲ 체온계

또 숫자 0은 숫자를 표기할 때 자릿수의 역할도 하는데요. 100원과 1원이 있을 때 두 돈을 합하여 101원이라고 쓴다면 가운데 0은 10원짜리가 없음을 의미하면서도, 10의 자리를 채워 주고 있어 모든 숫자의 자릿수를 명확하게 읽을 수 있게 합니다(예전에는 1·1과 같은 식으로 점(·)이 자릿수 역할을 했던 시기도 있었습니다). 숫자 0은 그 자체가 숫자가 되면서 다른 숫자들과 동등하게 자릿수를 채워 주므로 정말 효율적인 역할을 담당하고 있습니다.

숫자 0의 또 다른 중요한 역할은 '없음', '비어 있음'을 나타내는 것입니다. 애초에 서양 사람들은 숫자 0을 쉽게 받아들이지 않았고 회의적이었습니다. 눈에 보이는 것을 중요하게 여겼던 서양 사람들은 아무것도 없는 것은 눈에 보이지 않고 큰 의미가 없다고 여겨 굳이 숫자로 표현해야 하는지 의아해하며 공감하지 못했던 것입니다. 하지만 숫자 0이 주는 계산의 편리함 때문에, 수 세기 동안 받아들이지 못한 숫자 0을 중세 서양 사람들도 결국 받아들이게 됩니다.

사실 우리의 일상은 보이는 것들만 존재하거나 가득 찬 상태만 있는 것은 아닙니다. 예를 들어 접시에 담긴 음식이 전혀 없이 빈 상태인 경우도 있고 책장에

꽂힌 책이 한 권도 없이 비어 있는 경우도 있습니다. 또 물컵에 물이 한 방울도 없이 빈 상태인 경우도 있지요. 이러한 상태를 숫자 0으로 표현하게 되면 어떤 점이 좋을까요?

숫자 0이 아무것도 없는 상태를 표현해 주고 있으므로 거기에 무언가를 담고 채울 수 있음을 우리는 숫자 0을 통해 자연스럽게 인식할 수 있습니다. 다시 말해 빈 컵이 있어 물을 채우거나 무언가를 담을 수 있고, 책장의 비어 있는 공간이 있어 책을 꽂을 수 있음을 우리는 숫자 0을 통해 더욱 명확하게 인식하게 되는 것입니다. 결국 비어 있고 아무것도 없는 공간이 아무 의미 없는 공간이 아니고 그러한 공간이 있어 무언가를 채울 수 있음을 숫자 0이 보다 명확하게 알려주고 있는 것이지요.

때로는 비어 있는 접시를 숫자 0으로 표현하면, 무언가가 있었지만 먹어서 이제 빈 접시가 되었음을 추론할 수 있고, 혹은 아직 요리가 준비되지 않은 상태라고 판단할 수 있게 됩니다. 또 요리할 때도 3분 동안 끓이도록 타이머를 맞추어 놓았는데 3분이 다 되었음을 타이머가 알려준다면 그때 타이머의 숫자 0은 요리가 끝났음을 의미하기도 합니다. 다시 말해, 남은 시간으로 볼 때의 0은 목표한 시간이 되었음을 뜻하는 것이지요. 이처럼 일상에서 없음과 비어 있음에 대한 다양한 의미를 숫자 0을 통해 실제로 표현할 수 있게 됩니다.

이처럼 숫자 0의 다양한 의미 중에서도 비어 있음 또는 없음의 의미가 있는 0을 살펴보니 보이는 것이 다가 아니고 보이지 않는 것에도 많은 의미가 담겨 있음을 보다 명확하게 인식할 수 있게 되는데요. 결국, 숫자 0은 보이지 않고 비어 있으며, 아무것도 없는 것에 내포된 다양한 의미를 좀 더 잘 인식할 수 있게 해줌으로써, 우리의 안목을 확장해 주며, 보이는 부분과 보이지 않는 부분을 통합적으로 볼 수 있도록 시야를 넓혀 주는 수학 개념입니다.

숫자 0이 주는 밝고 지혜로워지는 메시지

컵이 비어 있기 때문에 물을 채울 수 있음을 알고, 여백과 같이 없다는 것 자체가 정보를 가지고 있음을 숫자 0을 통해 새삼스레 인식하게 되고 새롭게 바라보게 된다면 세상을 바라보는 안목이 좀 더 넓어지지 않을까요? 보이는 것만이 다가 아니다! 숫자 0을 통해 생각해 보는 시간이 되면 좋겠습니다.

10제

닮아서 좋은 '닮음'

- 어떤 것과 닮으면 좋은 점이 무엇일까?
- 일상 속 닮은 물건들은 왜 서로 닮았을까?

우리는 일상에서 누가 누구를 닮았다는 표현을 할 때 '닮음'이라는 말을 종종 사용하지요. 수학에서의 닮음은 일상에서의 닮음보다는 명확한 기준과 원칙을 가지고 있습니다.

> 닮음 : 사물을 일정한 비율로 확대하거나 축소할 때 두 대상이 서로 그대로 겹쳐지면 이를 '닮음'이라고 함

수학에서의 닮음은 일정한 비율로 확대하거나 축소했을 때 두 대상이 완전히 포개어져서 마치 하나의 대상처럼 보여야 '닮음'이라고 합니다. 그렇게 보면 우리가 일상에서 누가 누구와 닮았다고 할 때의 닮음은 수학적 관점에서 보기에는 닮음이라고 하기는 어렵습니다.

그렇다면 수학적인 닮음은 우리 삶에 어떤 의미가 있을까요? 예를 들어 건물을 지을 때 그 건물의 전체 모습을 한눈에 파악하려고 미니어처 모형을 만드는데

59

이는 큰 건물을 일정 비율로 축소하여 아주 작게 만든 것으로 닮음을 활용한 모형이 될 것입니다. 그렇게 전체 모습을 한눈에 바라보게 되면 실제 커다란 건물을 볼 때 한 부분에 국한하여 보는 것이 아니라 전체 모습을 하나의 시야에 두고 바라볼 수 있게 됩니다.

▲ 미니어처 건물의 예

지도나 지구본 역시 실제 지구의 모습을 축소하여 작게 만들어 놓은 닮음을 활용한 예입니다. 그렇게 보니 지구의 모습을 한눈에 바라볼 수 있게 되고 전체 지구에서 지도 상의 내 위치도 볼 수 있어 좀 더 넓은 시야로 바라볼 수 있게 됩니다. 이와 마찬가지로 확대하는 경우를 예로 들면 세포나 분자와 같이 크기가 아주 작아 눈에 보이지 않는 것을 현미경으로 확대해 보거나 크기가 큰 모형으로

만들어 볼 수 있게 하는 것 또한 닮음의 원리가 적용된 예라고 할 수 있습니다.

또 닮음을 이용해 우리는 직접 측정할 수 없을 정도로 큰 물체도 가늠할 수 있게 됩니다. 예를 들어 닮음비(서로 닮은 도형에서 대응하는 선분의 길이 비)를 사용하게 되면 산의 높이, 고층 건물의 높이, 지구에서 달까지의 거리처럼 직접 구하기가 어렵고 가늠하기 힘든 높이나 거리도 구할 수 있습니다.

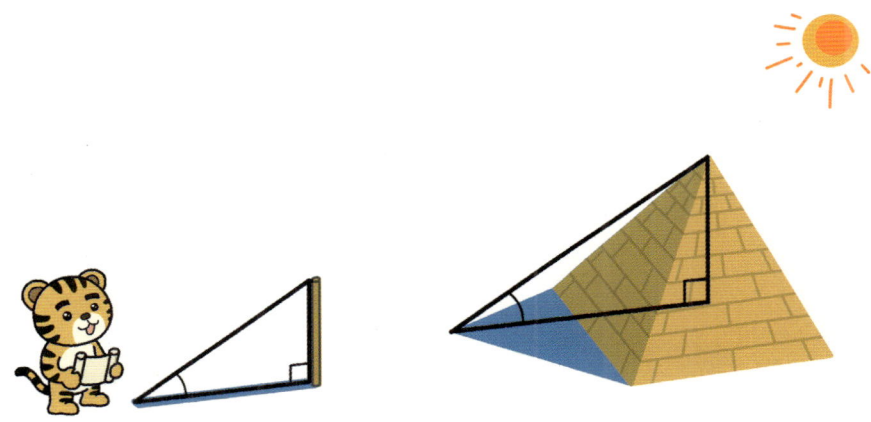

* 닮음비를 이용한 피라미드 높이 구하기
막대 그림자 길이 : 피라미드 그림자 길이 = 막대 높이 : 피라미드 높이

실제로 직접 측정하기 어려운 피라미드의 높이를 우리는 삼각형의 닮음을 이용해 구할 수 있습니다. 해가 일정 높이에 있을 때 피라미드에서 생기는 그림자와 막대에 생기는 그림자는 같은 각도를 이루어 피라미드와 그 그림자가 이루는 삼각형과, 막대와 그 그림자가 이루는 삼각형이 서로 닮은 도형이 되는데요. 이때 두 삼각형의 닮음비를 이용하면 피라미드의 높이를 가늠할 수 있게 됩니다.

이러한 닮음은 실제 생활 속에서도 잘 활용되는데 자주 이용하는 스마트폰의 확대 및 축소 기능도 닮음의 원리가 적용된 것입니다. 이 기능을 이용해 확대하여 무언가를 자세히 들여다볼 수 있으며, 축소해서 무언가를 전체적으로 조망할 수도 있게 됩니다. 이처럼 닮음은 일상에서 너무 크거나 너무 작은 것을 내 시야 안에서 볼 수 있게 해 주는 편리한 도구라고 할 수 있습니다.

또 정확히 수학적 닮음이라고 보기에는 어렵지만 음료나 신발 그리고 옷과 같은 크기별 제품(small, medium, large 등)이 다양화되어 있는 것도 모두 같은 종류의 제품이라는 공통점을 바탕으로 크기를 달리하여 소비자의 선택권을 다양하게 제공해 주는 일상 속 닮음의 활용 예라고 할 수 있습니다.

▲ 같은 종류이지만 사이즈만 다른 컵의 예

그리고 서로 닮음인 관계에 있는 대상은 서로 공통된 특성이 있는 것을 알게 됩니다. 공의 경우 축구공, 농구공, 탁구공, 야구공 등은 모두 구 형태의 닮은 도형이라고 할 수 있으며, 이러한 공들은 모두 어느 방향이든지 잘 굴러간다는 공통적인 특징을 가지고 있음을 알게 됩니다.

▲ 닮은 공의 예

이처럼 닮음으로 세상을 바라보니 태양도 둥글고, 지구도 둥글고, 과일도 둥글다는 점이 새삼스레 새롭게 다가오며 세상 속 많은 모습이 닮음을 통해 더욱 간단하고 간결하며 단순하면서도 일맥·일관·일통(연속적 흐름이 변함없이 유지되며 하나의 통일된 상태)함을 인식하게 됩니다.

결국 닮음을 통해 우리는 세상을 때로는 크게, 때로는 세밀하게 바라보며 간단하고 간결하며 단순하게 인식할 수 있게 되고, 닮음이라는 공통적인 특성을 바탕으로 세상을 일맥·일관·일통하게 바라볼 수 있는 안목을 갖출 수 있게 됩니다.

닮음이 주는 밝고 지혜로워지는 메시지

닮음을 통해 우리는 거시 세계와 미시 세계를 좀 더 직관적으로 이해할 수 있게 되고 간단, 간결, 단순하게 바라볼 수 있게 되며 세상을 좀 더 일맥·일관·일통하게 바라볼 수 있는 안목을 키울 수 있게 됩니다.

11제

세상을 바라보는 안목을 넓히는 '통계와 그래프'

- 통계나 그래프는 왜 필요할까?
- 세상 속 복잡하고 다양한 현상들을 한눈에 보려면 어떻게 해야 할까?

현대 사회에서는 엄청난 양의 정보가 쏟아지며 지금 이 순간에도 정보는 끊임없이 증가하고 있습니다. 이러한 정보의 홍수 속에서 수많은 정보를 일일이 살펴보기 위해서는 많은 시간과 노력을 기울여야 하며 그 속에서 의미 있는 정보를 발견하기는 더욱 어려울 것입니다. 예를 들어 기상 현상을 비롯한 자연 현상이나 주가나 물가 등의 경제 현상 그리고 사람들 간에 일어나는 여러 사회 현상 등은 정보가 시시각각 변하고 이와 함께 정보의 양이 끊임없이 증가하고 있어 방대한 정보 그 자체를 살펴보는 것만으로는 한눈에 흐름을 파악하기가 어렵습니다.

> **통계**: 어떤 현상을 종합적으로 한눈에 알아보기 쉽게 일정한 체계에 따라 숫자로 나타내는 것
> **그래프**: 직선, 곡선, 도형 등으로 자료를 한눈에 볼 수 있도록 시각화한 것

그런데 그러한 방대한 정보를 수치로 정리 및 요약하여 객관적으로 볼 수 있도록 도움을 주는 훌륭한 도구가 있는데 바로 통계입니다. 우리는 통계를 이용해 복

잡한 현상을 더욱 간단하고 간결하며 단순하게 바라볼 수 있고 객관화할 수 있습니다. 그리고 그러한 통계 자료에서 의미 있는 정보를 찾아내고 때로는 앞으로의 일도 예측할 수 있게 되는데요. 통계와 함께 그래프를 사용하면 통계를 통해 정리되고 정련된 정보를 한눈에 직관적으로 볼 수 있게 됩니다.

▲ 세상 속 수많은 데이터들

▲ 그래프의 예

이러한 통계와 그래프가 많은 사람을 살리는 데 큰 공헌을 한 역사적 사례들이 있습니다. 먼저 1854년, 영국 수도 런던의 브로드 가에서 콜레라가 유행했던 적이 있었는데요. 당시 콜레라의 원인이 명확하게 밝혀지지 않은 채 많은 사람들이 감염되며 큰 문제가 되었습니다. 그때 존 스노라는 의사가 사망한 콜레라 환자의 거주지를 검은 사각형으로 표기를 하여 감염 지도를 만들어 살펴보게 되었습니다.

감염 지도를 살펴본 결과, 콜레라 환자 대부분의 거주지가 브로드가에 있는 펌프 주위에 집중되어 있음을 직관적으로 파악할 수 있게 되었고 실제로 감염된 환자들을 찾아다니며 확인해 본 결과, 환자들이 모두 해당 펌프에서 나오는 오염된 물을 마셨다는 사실을 밝혀내며 콜레라의 확산을 막을 수 있었습니다.

11제 세상을 바라보는 안목을 넓히는 '통계와 그래프'

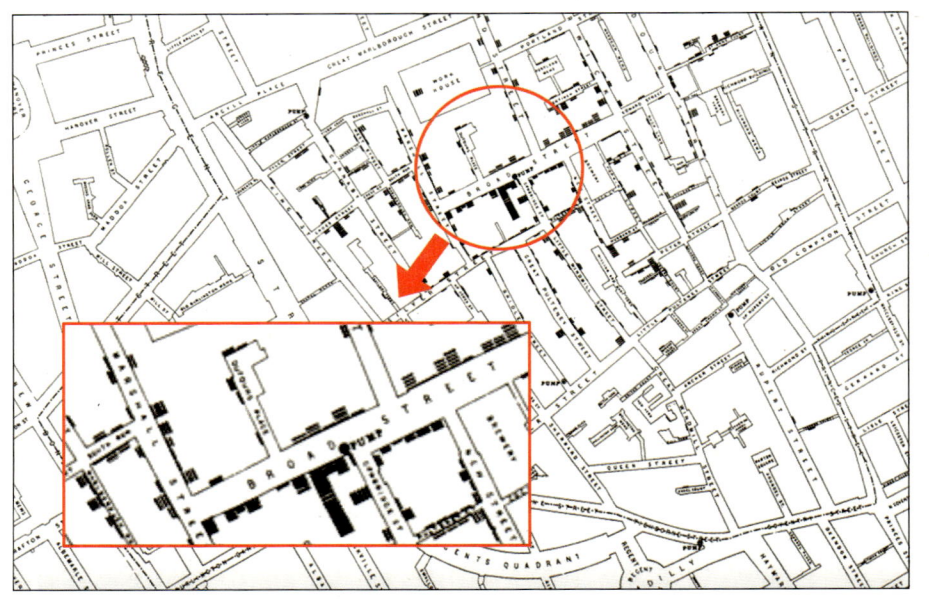

▲ 존 스노의 브로드 가의 콜레라 감염지도 (출처: 위키백과)

　유명한 일화가 하나 더 있습니다. 우리에게는 간호사로 잘 알려진 나이팅게일은 크림전쟁(1853년~1856년) 당시 병원에서 사망하는 군인들의 주요 사망원인이 전쟁이 아니라 병원의 열악한 위생 상태임을 통계 자료로 제시하여 정부를 설득했고, 병원의 위생 상태를 개선하여 병원 내 군인 사망률을 42%에서 2%로 낮추는 데 크게 공헌했습니다. 이후 나이팅게일은 군인들의 사망원인에 대한 통계 자료를 직관적으로 한눈에 볼 수 있는 그래프로 표현하여 발표하기도 했습니다. (오른쪽 그래프의 바깥쪽 파란색 부분이 병원에서 전염병으로 인해 사망한 군인의 수를 나타내는데, 병원의 열악한 위생 상태로 인해 사망한 경우가 가장 큰 비중을 차지하고 있음을 직관적으로 보여주고 있습니다.)

11제 세상을 바라보는 안목을 넓히는 '통계와 그래프'

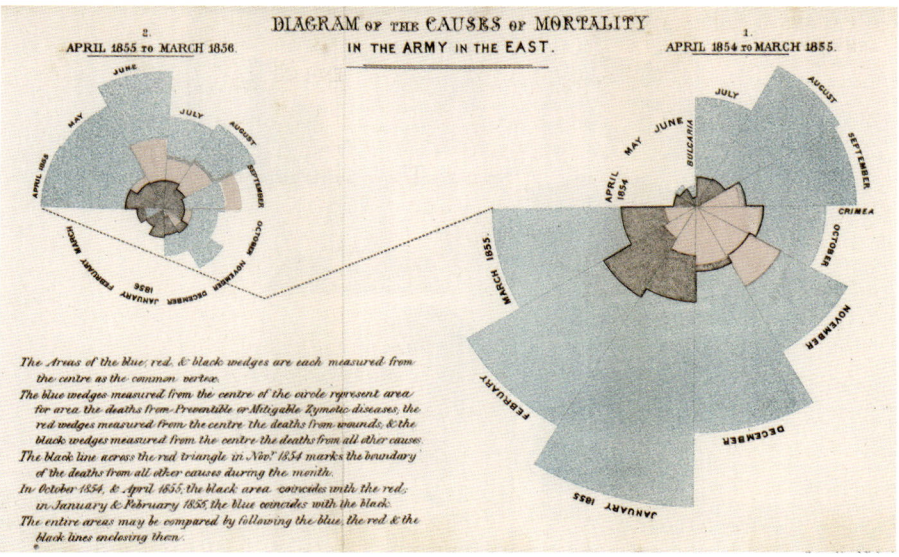

▲ 나이팅게일이 작성한 동부 지역 육군에서의 사망 원인에 관한 다이어그램
(출처 : 위키백과)

　일상생활에서도 통계와 그래프는 정보를 직관적으로 보여주고 의미 있는 정보를 발견할 수 있도록 도움으로써 우리 삶의 문제를 좀 더 지혜롭게 해결해 나갈 수 있도록 해줍니다. 예를 들어 사람들이 여러 제품 중에서 어떤 제품을 더 선호하는지가 궁금한 경우 우리는 사람들에게 의견을 물어보기 위해 설문조사 등을 하게 되는데요. 이때 사람들의 의견을 선호도 점수로 수치화하면 어떤 제품을 선호하는지를 좀 더 객관적으로 바라볼 수 있게 되는 것입니다. 또 이를 막대그래프로 나타내어 제품 간의 선호도를 비교하면 사람들이 어떤 제품을 선호하는지를 한눈에 파악할 수 있게 됩니다.

　이와 함께 추가 정보를 바탕으로 좀 더 세분화해서 분석하면 연령대별, 성별, 지역별 선호도까지 파악하여 비교할 수 있게 되고, 그러한 자료를 바탕으로 선호도 차이에 대한 원인을 파악하여 판매 전략을 수립해 나갈 수 있게 됩니다. 이처럼 통계와 그래프는 객관적이고 직관적인 자료들을 바탕으로 보다 의미 있는 정보를 발견할 수 있도록 도움을 주고 합리적인 판단과 의사결정을 하는 데 긍정적인 영향을 미치게 됩니다.

　또 통계는 평소에는 잘 몰랐던 것을 새롭게 볼 수 있는 안목을 갖추는 데에 도움을 줍니다. 예를 들어 어떤 가게의 사장이 매장 운영의 효율성을 높이는 방안에 대한 고민이 있을 때 통계를 통해 해당 문제를 새롭게 바라보며 이를 해결할 수 있습니다. 매장의 매출 추이를 시간대에 따라 살펴보고 그래프로 나타내면 어느 시간대에 손님이 가장 몰리거나 가장 적은지를 쉽게 파악할 수 있습니다. 그렇게 통계를 통한 객관적인 자료를 바탕으로 해결 방법을 찾아낸다면 손님이 적은 시간대에는 직원 수를 조금 줄이거나 할인 메뉴를 추가할 수 있고, 반면에 손님이 많은 시간대에는 직원 수를 늘리고 상품 준비를 더 많이 해 놓을 수 있을 것입니다. 그리하여 가게 운영의 효율성을 신장하고 손님들의 만족도를 높임으로써 매출을 증대시킬 수 있는 계기를 마련할 수도 있을 것입니다. 이처럼 통계는 일상에서 무심코 지나치거나 미처 인식하지 못했던 현상에서 의미 있는 발견을 하여 삶의 문제를 지혜롭게 해결해 나갈 수 있는 큰 힘이 됩니다.

결국 통계와 그래프를 통해 우리는 복잡하고 다양한 현상들과 의견들을 수치화하여 더욱 간단하고 간결하며 단순하게 정보들을 요약해서 볼 수 있게 되고, 좀 더 객관적이고 직관적으로 바라볼 수 있게 되는데요. 그리고 이를 바탕으로 미처 발견하지 못했던 의미를 찾아내거나 새로운 관점으로 문제를 해결할 수 있게 됩니다. 이와 함께 통계와 그래프가 있어 사안을 새로운 관점에서, 여러 각도에서, 또는 더 깊이 있게 바라보며 문제를 지혜롭게 해결해 갈 수 있으므로 우리의 안목을 넓히는 데에 꼭 필요한 수학 개념이라 할 수 있지요.

통계와 그래프가 주는 밝고 지혜로워지는 메시지

통계와 그래프는 다양한 정보를 객관적인 수치로 볼 수 있게 해 주고 직관적으로 이해할 수 있도록 도움을 줍니다. 또 우리가 미처 인식하지 못했던 사안들을 발견할 수 있는 안목을 키우는 중요한 토대가 됩니다.

밝고 지혜로워지는 수학 이야기

지혜로운 삶을 위한 수학

12제 체계, 논리, 합리적인 문제 해결, '방정식'
13제 해 보지 않아도 알 수 있는 '규칙 찾기와 함수'
14제 모양마다 다른 쓰임새가 있는 '평면도형, 입체도형'
15제 물건을 한 번에 쉽게 찾게 하는 '분류하기'
16제 효율적으로 세는 방법, '뛰어 세기와 묶어 세기'
17제 현명한 결정을 위한 '대푯값'
18제 모든 일에는 순서가 중요해, '순서'
19제 위치를 정확하게 알기 위한 '좌표'
20제 최고의 선택을 위한 '경우의 수'

12제

체계, 논리, 합리적인 문제 해결, '방정식'

- 사람들은 왜 미로 찾기나 퍼즐 맞추기를 재미있어 할까?
- 방정식은 우리의 삶과 어떤 관련이 있을까?

여러분은 '방정식'하면 무엇이 떠오르시나요? 학교 수학 시간에 'x'가 들어가 있는 복잡한 식을 맞닥뜨리고 그것을 풀어 보려고 애쓰며 머리가 아팠던 기억이 떠오를지도 모르겠네요. 하지만 사실 방정식은 단순히 어려운 수학 문제가 아니라, 삶의 다양한 문제를 해결할 수 있는 유용한 도구이기도 합니다.

> 방정식 : 미지수를 포함하는 등식으로 미지수의 값에 따라 참 또는 거짓이 되는 식

방정식의 수학적 정의를 살펴보면 미지수를 포함하는 등식으로 미지수의 값에 따라 참 또는 거짓이 되는 식을 말합니다. 요즘은 수학 시간이나 문제집을 통해 주로 방정식을 접하고 있어 방정식이 현실과 거리가 있는 것처럼 여겨질 수도 있지만, 방정식은 원래 일상의 문제를 해결하기 위해 시작되어 발전해 왔습니다. 기원전 1650년경 이집트의 서기관 아메스가 작성한 『린드 파피루스』는 인류 역사상

12제 체계, 논리, 합리적인 문제 해결, '방정식'

가장 오래된 수학책이라고 알려졌습니다. 이 책에는 사과나 빵을 공평하게 나누는 법, 곡물 창고의 부피를 계산하는 법, 술의 농도를 구하는 법 등 일상과 매우 가까운 문제들이 적혀 있습니다.

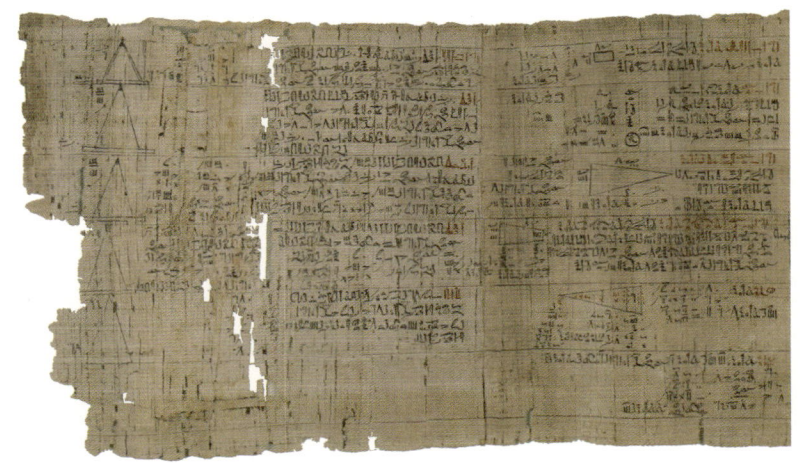

▲ 린드 수학 파피루스 사진 (출처: 위키백과)

그렇다면 현대 사회에서는 방정식이 어떤 곳에서 활용되고 있을까요? 우리는 이미 일상 속에서 수많은 문제를 방정식으로 해결하고 있습니다. 우리 주변에서 쉽게 경험할 수 있는 간단한 사례를 통해 방정식을 살펴볼까요?

"거실에 귤이 12개가 있었는데요. 저녁에 엄마가 귤을 3개 드시고 그다음에 아빠가 4개를 드셨습니다. 다음날 하나 먹으려고 했는데 귤이 하나도 없었어요. 엄마에게 여쭈었더니 아침에 동생이 학교 갈 때 챙겨갔다고 합니다." 그러면 동생은 귤을 몇 개 챙겨간 것일까요?

12제 체계, 논리, 합리적인 문제 해결, '방정식'

간단하지만 위의 궁금증을 방정식으로 나타내면

$$12 - 3 - 4 - \square = 0 \text{ 혹은 } 3 + 4 + \square = 12$$

이 됩니다. 이렇게 보니 12개에서 3개와 4개를 빼면 5개가 되므로 동생이 귤을 5개 가져갔음을 알 수가 있습니다. 이는 방정식을 굳이 쓰지 않더라도 알 수 있는 간단한 예이지만 문제가 좀 더 복잡해진다면 방정식으로 문제를 해결하는 것이 더욱 체계·논리·합리적이며 효율적인 문제 해결 방법이 될 것입니다.

일상에서 다른 예를 살펴보면 "마트에서 10,000원짜리 물건에 '20% 할인'이라고 적혀 있으면 얼마에 판매한다는 것일까?"라고 생각해 보는 것도, "시속 60km로 몇 시간 운전하면 120km 떨어진 목적지에 도착할까?"라는 궁금증도 방정식으

일상문제 해결

10,000원에서 20% 할인하면 얼마지?

$$10{,}000 \times \frac{100-20}{100} = x$$

12제 체계, 논리, 합리적인 문제 해결, '방정식'

로 표현하여 해결할 수 있습니다.

이렇게 다양한 사례를 살펴본 결과 방정식이 이미 여러분의 일상과 가까이 있음을 실감할 수 있을 겁니다.

앞서 '식' 편에서 언급했지만 여러 식 중의 하나인 방정식 또한 복잡해 보이는 세상을 간단하고 간결하며 단순한 법칙으로 표현해 주는 훌륭한 도구입니다. 질량을 가진 물체들 사이에는 서로 끌어당기는 힘이 존재한다는 뉴턴의 '만유인력의 법칙'을 나타내는 방정식을 통해 인류는 오랜 세월 동안 풀리지 않았던 별과 행성들의 움직임에 대한 이치와 원리를 설명할 수 있었습니다. 그리고 공원 분수대에서 물이 솟아올랐다가 떨어지는 경로와 공을 던졌을 때 공이 지나가는 경로는 포물선 방정식으로 보다 정확하게 설명할 수 있게 되었습니다.

일상을 잘 관찰하면서 새로운 법칙을 발견하면 이를 방정식으로 표현하기도 합니다. 미국의 과학자 돌베어(Amos Emersom Dolvear, 1837~1910)는 귀뚜라미 울음소리의 횟수가 기온과 관련되어 있음을 밝히는 방정식을 고안했습니다. 귀뚜라미가 25초 동안 운 횟수를 n이라 하고, 현재 온도를 T℃라고 할 때, 귀뚜라미가 운 횟수를 3으로 나누어 4를 더하면 현재 온도가 된다고 합니다. 이를 식으로 간단하고 간결하며 단순하게 나타내면 $T = \frac{n}{3} + 4$가 됩니다. 이제 기온계 없이도 귀뚜라미가 운 횟수만 잘 센다면 방정식을 이용해 현재 기온이 얼마인지를 합리적으로 계산할 수 있게 되었습니다. 이러한 법칙은 유사한 상황에 모두 동일하게 적용할 수 있게 됩니다.

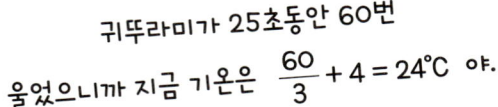

$$T = \frac{n}{3} + 4$$

(T=온도, n=귀뚜라미가 25초동안 운 횟수)

이처럼 실제 생활과 밀접하게 연관된 방정식의 사례를 살펴보니 흥미롭지 않으신가요? 이제 방정식은 더 이상 시험 준비를 위해 어쩔 수 없이 공부해야 하는 복잡하고 재미없는 식이 아니라 우리의 삶과 함께하는 살아 움직이는 유용한 식이라는 것에 공감할 수 있을 것입니다.

호기심을 가지고 자신의 일상을 관찰하면서 해결하고 싶은 문제를 방정식으로 간단하고 간결하며 단순하게 정리하여 체계적이고 논리적이며 합리적으로 풀어나가면 일상의 작고 소소한 문제에서부터 자연 현상의 법칙을 발견하는 것까지 자신이 원하는 답을 찾아내는 데 방정식이 유용하게 쓰일 수 있을 것입니다.

12제 체계, 논리, 합리적인 문제 해결, '방정식'

방정식이 주는 밝고 지혜로워지는 메시지

우리는 방정식을 통해 일상의 작고 소소한 문제들을 간단하고 간결하며 단순하게 정리하여, 체계적이고 논리적이며 합리적으로 해결하고 있습니다. 또한 방정식은 우리의 삶을 편리하게 하고, 세상의 보편적인 법칙을 명확히 이해하고 다양하게 적용하는 데 활용됩니다. 이처럼 방정식은 우리가 삶을 보다 지혜롭게 살아가는 데 꼭 필요한 수학 개념입니다.

13제

해 보지 않아도 알 수 있는
'규칙 찾기와 함수'

- 규칙이 있어서 좋은 점은 무엇일까?
- 규칙을 알게 되면 어떤 점이 좋을까?

반복되는 규칙을 발견하게 되면 어떤 점이 좋을까요? 가장 먼저 떠오르는 것은 바로 다음에 나오는 것이 무엇인지를 예측해 볼 수 있는 것입니다.

> **규칙 찾기** : 나열된 수나 도형들 사이에서 반복되거나 공통적으로 나타나는 규칙을 발견하는 것을 말함

예를 들어 세모, 네모, 동그라미, 세모, 네모가 차례로 나온다면 그다음에 나올 모양은 무엇일까요? 세모, 네모, 동그라미가 반복되는 규칙이라면 네모 다음에는 동그라미가 나올 것입니다.

 ?

이러한 규칙을 알게 되면 여섯 번째는 동그라미가 된다는 사실뿐만 아니라 일곱 번째, 여덟 번째, 그리고 100번째에 올 모양도 일일이 그리지 않더라도 알 수 있습니다. 도형뿐만 아니라 수에서도 규칙을 찾게 되면 다음에 나올 수를 예측할 수 있습니다. 저금통에 하루에 1,000원씩 넣어 저축한다면 1년 후 얼마가 될지 규칙을 찾아보겠습니다

1일차	2일차	3일차	4일차	5일차	6일차	7일차	…
1,000	2,000	3,000	4,000	5,000	6,000	7,000	…

규칙을 찾은 다음에 1년 후 금액을 예측해 보겠습니다. 매일 1,000원씩 늘어나는 규칙에 따라 1,000원이 365번 더해지므로 36만 5,000원이 됩니다.

$$\underbrace{1{,}000 + 1{,}000 + \cdots + 1{,}000}_{(365번)} = 1{,}000 \times 365 = 365{,}000원$$

이처럼 규칙을 알게 되면 일일이 해 보지 않아도 나중에 나올 형태나 수를 더욱 손쉽게 예측할 수 있습니다. 좀 더 나아가 이러한 규칙을 숫자로 표현할 때, 하나의 값이 변함에 따라 다른 값이 어떻게 변하는지를 식으로 나타내는 것을 수학에서는 '함수'라고 합니다. 함수는 한마디로 입력과 출력의 대응 관계를 말합니다. 그리고 대응 관계에 일정한 규칙이 있다면 마찬가지로 이를 예측할 수 있습니다.

> 함수 : 두 변수 x, y에 대하여 x의 값이 변함에 따라 y의 값이 하나씩 정해지는 대응 관계가 성립할 때, y를 x의 함수라고 함

특히, 직접 해 보지 않아도 앞으로 일어날 일이나 수량이 늘어났을 때의 값을 예측할 수 있습니다. 예를 들어 1시간당 60km의 속력으로 달리는 자동차가 있다면 5시간을 운행하면 300km를 갈 수 있을 것이라는 예측이 가능합니다. 시간을 x, 이동 거리를 y로 하여 이를 함수식으로 표현하면, y의 크기는 x의 크기의 60배가 된다는 규칙(거리 = 속력 × 시간)이 존재하게 되며, 아래와 같이 함수식으로 표현할 수 있습니다.

$$y = 60\,x$$

또 사업을 할 때 함수 규칙을 가진 식을 통해 수익을 예측할 수 있습니다. 예를 들어 뻥튀기를 판매할 때 개당 3,000원의 수익을 낸다면 10개를 판매했을 때, 100개를 판매했을 때의 수익이 얼마나 될지를 예측하고 가늠할 수 있게 됩니다.

$$y = 3{,}000\,x \ (x : 판매량, \ y : 수익)$$

13제 해 보지 않아도 알 수 있는 '규칙 찾기와 함수'

　100봉지이면 x가 100이 되므로 3,000 × 100을 하면 30만 원의 수익이 발생함을 예측해 볼 수 있습니다. 이와 같이 계산해 보면 물건의 판매량에 따라 얼마의 수익이 발생할지를 미리 가늠해 볼 수 있게 되어 사업을 시작하는 것이 좋을지, 사업을 한다면 수익 목표를 달성하기 위해 하루에 몇 개를 팔아야 하는지 등 구체적인 계획을 세우는 데에 크게 도움이 될 것입니다.

　결국 규칙과 함수는 직접 경험해 보지 않아도 다음에 일어날 일을 예측할 수 있게 하여 겪을 수 있는 시행착오나 오류를 미리 줄여 줄 수도 있고 앞으로 일어날 일을 미리 대비할 수도 있습니다. 또 예측을 통해 미래 전망이 밝을 것으로 예상된다면, 아직 해 보지 않았지만 충분히 가능할 수 있다는 확신과 자신감을 가지고 일을 시작할 수 있습니다.

또 규칙을 알면 체계나 시스템을 만들기가 용이하고 그렇게 되면 효율성을 높여 줄 수도 있습니다. 날씨의 규칙과 함수를 알기 때문에 우리는 일기 예보를 통해 앞으로의 날씨를 예측할 수 있게 되고, 규칙과 함수가 적용된 내비게이션 시스템을 통해 도착 시각도 미리 파악할 수 있습니다.

결국 규칙과 함수는 앞날을 예측하여 대비하게 해주고 시행착오나 오류를 예방할 수 있도록 하며 가능성을 미리 확인한 뒤에 좀 더 확신과 자신감을 가지고 나아갈 수 있도록 돕는, 지혜로운 삶을 위해 꼭 필요한 수학 개념입니다.

규칙 찾기와 함수가 주는 밝고 지혜로워지는 메시지

둘 사이에 존재하는 규칙과 함수를 알면 굳이 해 보지 않아도 앞으로의 일을 예측할 수 있고, 미리 시행착오나 오류를 줄이며 앞날을 미리 대비할 수도 있습니다. 그리하여 예측을 바탕으로 좀 더 확신감과 자신감을 가지고 일을 추진해 나갈 수 있습니다.

14제

모양마다 다른 쓰임새가 있는
'평면도형, 입체도형'

- 물건의 모양이 사각형이라서 좋은 점은 무엇일까?
- 공이 구 모양이라서 좋은 점은 무엇일까?

학교에서 배운 평면도형과 입체도형은 우리에게 어떤 의미가 있을까요? 그 답을 일상생활 속에서 찾아보겠습니다.

> 평면도형 : 점, 직선, 곡선, 삼각형, 사각형, 원 등과 같이 두께가 없고 길이나 폭만을 가진 도형
> 입체도형 : 원기둥, 원뿔, 각기둥, 각뿔, 다면체 등과 같이 길이와 폭, 두께가 있는 도형

먼저, 주변에서 삼각형 또는 삼각기둥 모양들을 찾아봅시다. 샌드위치나 삼각김밥이 생각나는데 샌드위치나 삼각김밥의 모양이 삼각형 형태인 경우 좋은 점은 무엇일까요? 삼각형의 모양은 뾰족한 부분이 있기 때문에 먹을 때 입에 닿는 부위가 작습니다. 그래서 소스가 입에 묻거나 흘러내리지 않을 수 있어

삼각형은 한입에 베어먹기 편해~

서 간편하게 한 입 베어 먹기에 부담이 없어 보입니다. 또한 삼각형의 아래쪽은 평평하여 양손으로 잡기가 쉬워서 안정적으로 손에 들고 먹기에 좋습니다.

주택의 지붕이 삼각형 모양이면 어떤 점이 좋을까요? 지붕이 삼각형 모양이면 비나 눈이 많이 내리더라도 쌓이지 않아서 집이 무너지는 일이 없을 것으로 보입니다. 실제로 재료를 최소화하면서도 튼튼한 구조를 만들 때 사용하는 트러스 구조는 삼각형 모양으로 되어 있고, 삼각형 모양이 압력에 잘 견디는 형태이기 때문에 이를 사용한다고 합니다. 또한 지하철에도 삼각형 모양을 활용한 손잡이가 있는데요. 손잡이가 원형으로 되어 있거나 다른 다각형 모양으로 되어 있으면 오랫동안 잡고 있기가 불편합니다. 반면에 삼각형 모양으로 되어 있으면 손의 구조와 손잡이 모양이 잘 맞아 다른 모양들에 비해 오랫동안 손잡이를 잡고 있어도 불편함이 훨씬 덜합니다. 또 배의 돛이 삼각형 모양으로 되어 있어 돛대를 중심으로 돛

▲ 주택의 지붕 구조의 예

▲ 지하철 손잡이의 예

▲ 삼각형 돛대의 예

을 움직이면서 역풍에서도 바람의 방향에 대해 수직으로 작용하는 힘을 잘 활용하여 배가 앞으로 나아가기 때문에 유리하다고 합니다.

사각형이나 사각기둥 모양은 어떤 점이 좋을까요? 택배 상자가 사각기둥 형태인 이유는 여러 가지 있겠지만 어떤 물건이든지 넣기에 용이하고, 차곡차곡 쌓아 올리기가 편하여 그렇게 쌓으면 공간이 생기지 않고 최대한 많은 물건을 실을 수 있기 때문이라고 할 수 있습니다.

육각형 또한 그 형태가 주는 장점이 있습니다. 바로 튼튼하고 안정적이면서도 공간을 낭비하지 않고 효율적으로 사용할 수 있는 구조가 육각형인데요. 대표적인 예로 '벌집'을 들 수 있습니다. 벌집은 공간을 빈틈없이 사용하면서도 벌집 무게의 30배나 되는 양의 꿀을 저장할 수 있을 정도로 튼튼하다고 합니다.

▲ 벌집의 예

그렇다면 원이나 구 모양은 어떤 점이 좋을까요? 예를 들면 머그잔이나 음료수 캔과 같은 모양을 들 수 있는데 원이나 구 모양은 재료를 최소한으로 사용하면서 가장 넓은 면적과 부피를 만들어 주는 형태입니다. 다시 말해 재료는 적게 들면서 많이 담는 형태이지요. 그리고 원이나 구 형태는 뾰족한 부분이 없기 때문에 충격이 모든 방향으로 분산되어 잘 부서지지 않는 튼튼한 구조입니다.

이처럼 도형 자체가 가진 특징을 잘 파악하고 이해한다면, 앞으로 삶에서 도형을 활용해 새로운 것을 만들 때 형태가 가진 특성을 고려할 수 있게 되고, 이러한 특성을 이용해 지혜롭게 삶의 문제를 해결할 수 있을 것입니다.

평면도형, 입체도형이 주는 밝고 지혜로워지는 메시지

세상의 모든 모양은 각기 나름의 의미를 가지고 있습니다. 이러한 모양의 특징을 잘 이해할 수 있다면 세상을 좀 더 잘 이해할 수 있게 되고, 나만의 무언가를 만들 때도 많은 도움이 될 것입니다. 이처럼 각 모양의 특성을 더욱 잘 파악한다면 삶을 지혜롭게 꾸려 나가는 데 큰 힘이 될 것입니다.

15제

물건을 한 번에 쉽게 찾게 하는 '분류하기'

- 분류가 잘되어 있으면 어떤 점이 좋을까?
- 분류의 기준은 어떻게 정할 수 있을까?

여러분은 평소에 갑자기 필요한 물건이 떠올라 집 안을 샅샅이 뒤졌지만 끝내 찾지 못해 곤란했던 경험이 있으신가요? 반면에, 처음 가본 대형 마트나 인터넷 쇼핑몰에서는 필요한 물건을 쉽게 찾아 구매했던 적도 있지 않으신가요? 우리 집이 대형 마트보다 훨씬 더 협소하고 나에게 익숙한 공간임에도 불구하고 물건을 찾기 어려웠던 반면, 대형 마트나 인터넷 쇼핑몰, 도서관 등에서는 원하는 물건이나 책을 비교적 쉽게 찾을 수 있었던 비결은 무엇일까요? 그것은 바로 '분류'가 잘되어 있기 때문입니다.

수학에서의 '분류'란, 같은 성질을 가진 것들을 종류별로 나누어 놓는 것을 의미합니다. 이렇게 같은 성질에 따라 나누어 놓으면, 아무리 공간이 넓고 물건의 종류가 많더라도 원하는 물건이 어디에 있는지 쉽게 찾을 수 있어 효율적인 검색이 가능합니다. 도서관에서도 마찬가지입니다. 각각의 책에는 고유한 번호가 부여되어 있고, 주제별로 분류된 책들이 가나다순으로 정렬되어 있어 자신이 읽고 싶은 책을 쉽게 찾을 수 있으며, 같은 주제의 다른 좋은 책들을 발견하는 것도 수

월해집니다.

> 분류하기 : 같은 성질을 가진 것끼리 종류별로 나누어 놓는 것

이와 달리 종류별로 물건들을 분류해 놓지 않으면 어떤 점이 불편할까요? 앞서 이야기했던 것처럼 갑자기 어떤 물건이 필요해졌을 때 쉽게 찾을 수가 없어서 곤란을 겪거나, 필요한 물건이 없는 줄 알고 새롭게 물건을 구매하여 불필요한 소비를 할 수도 있겠지요. 그리고 무엇보다 물건을 찾는 데에 시간과 노력이 많이 들기 때문에 그로 인해 다른 중요한 일을 할 수 있는 시간이 부족해질 수 있습니다. 따라서 '분류하기'는 일상을 편리하게 살아가고, 자원을 효율적으로 사용하기 위해 반드시 필요한 개념입니다.

그런데 물건을 분류할 때 어떤 한 가지 기준만 있는 것일까요? 아래의 사례를 통해 살펴보겠습니다. 박스 안에 여러 도형이 있습니다.

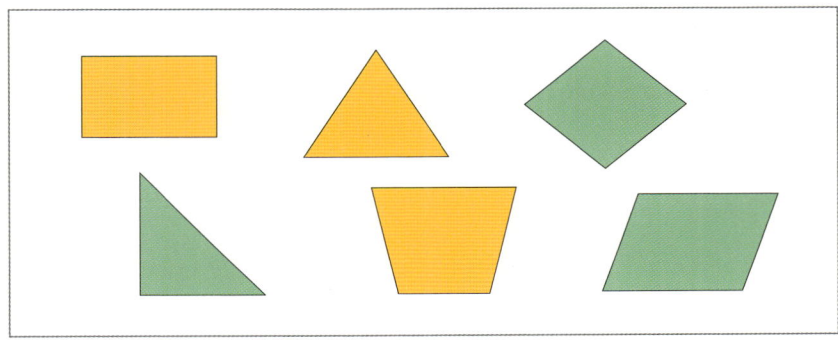

① 이 도형들을 변의 개수에 따라 분류하면 삼각형과 사각형으로 나눌 수 있습니다.

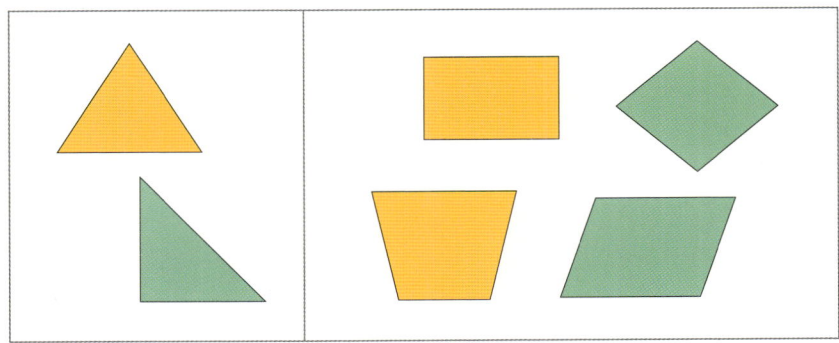

② 이번에는 도형들을 색깔에 따라 분류하면 노란색의 도형과 초록색의 도형으로 나눌 수 있습니다.

　이처럼 분류 기준에 따라 나뉘는 그룹이 달라짐을 볼 수 있습니다. 정해진 기준에 따라 분류를 잘하기 위해서는 개별 사물들의 특성, 특징, 그리고 특색을 잘 이해하여 체계적이고 논리적이며 합리적으로 구분할 수 있는 능력이 중요합니다. 그런데 만약 기준 자체를 자신이 만들어야 한다면, 전체를 더욱 간단하고 간결하며 단순하게 볼 수 있는 혜안과 창의적인 사고력도 필요할 것입니다. 이 때 무엇보다 중요한 것은 그 기준이 누구나 납득할 수 있는 객관성과 명확성을 갖추어야 한다는 점입니다. 그렇게 함으로써, 물건을 찾는 사람이 누구든지 간에 쉽고 빠르게 원하는 것을 찾을 수 있을 것입니다.

　지금까지 분류하기의 장점과 분류를 잘하는 데 필요한 특성과 특징에 대해 살펴보았습니다. 일상생활에서 무언가를 분류해야 할 때에는, 누구나 납득할 수 있는 객관적이고 명확한 기준을 세워 간결하게 정리를 잘하여 자신의 삶과 일상을 좀 더 편리하게 가꾸고 지혜를 키워 나가시길 바랍니다.

분류하기가 주는 밝고 지혜로워지는 메시지

'분류하기'는 일상에서 우리가 필요한 물건을 쉽게 찾을 수 있게 도와주어 우리의 삶을 더욱 편리하게 만듭니다. 그뿐만 아니라, 이를 통해 체계적이고 논리적이며 합리적인 사고력을 키울 수 있으며, 전체를 더욱 간단하고 간결하며 단순하게 파악하는 힘도 기를 수 있습니다. 따라서 분류하기는 삶을 지혜롭게 살아가는 데 있어 꼭 필요한 소중한 개념입니다.

16제

효율적으로 세는 방법, '뛰어 세기와 묶어 세기'

- 더 빠르고 간편하게 셀 수 있는 방법은 무엇일까?
- 빠르고 간편하게 세면 어떤 점이 좋을까?

여러분은 물건의 개수가 궁금할 때 어떻게 하시나요? 한눈에 바로 파악되는 경우도 있지만 한 번에 알아보기 어려울 때는 직접 세어 보면서 정확한 개수를 알아낼 수 있을 것입니다. 그런데 개수를 직접 세어 볼 때 좀 더 빠르고 효율적인 방법이 있을까요?

▲ 뛰어 세기와 묶어 세기

16제 효율적으로 세는 방법, '뛰어 세기와 묶어 세기'

여기에 달콤한 초콜릿이 가득 담긴 예쁜 상자가 하나 있습니다. 이 상자에 들어 있는 초콜릿이 모두 몇 개인지 알아볼까요? 하나, 둘, 셋, 넷, …, 스물하나, 스물둘, 스물셋, 스물넷. 하나씩 일일이 세어 보니 초콜릿이 모두 24개 들어 있음을 알게 되었습니다. 그런데 하나씩 세어 보는 것은 시간이 걸리고 지루하게 느껴집니다.

그래서 이번에는 2개씩 뛰어서 세어 보겠습니다. 둘, 넷, 여섯, 여덟, 열, 열둘, …, 스물, 스물둘, 스물넷. 토끼가 깡충깡충 뛰어가듯 2개씩 뛰어서 세어 보니 열두 번 만에 모두 셀 수 있습니다. 하나씩 세어 볼 때보다 세는 횟수가 절반으로 줄어 들었습니다.

또 다른 방법으로 셀 수 있을까요? 한 줄에 초콜릿이 세로로 4개가 있으므로 이번에는 4개를 하나의 묶음으로 묶어서 세어 볼까요? 4개씩 묶어 보니 총 여섯 묶음이 되는 것을 알 수 있습니다. 그럼 전체 초콜릿의 개수는 4 × 6 = 24로 총 24개가 들어 있음을 금세 알아낼 수 있습니다.

> 뛰어 세기 : 10, 20, 30, 40과 같이 수가 일정하게 커지거나 작아지도록 규칙적으로 건너서 세는 것
> 묶어 세기 : 1, 2, 3, 4처럼 하나하나 세지 않고 여러 개씩 묶어서 세는 것

이렇게 뛰어 세기와 묶어 세기를 해 본 결과, 하나씩 일일이 개수를 셀 때보다 훨씬 간편하고 빠르게 물건의 개수를 알아낼 수 있음을 알게 되었는데요. 사실 우리는 이미 일상에서 뛰어 세기와 묶어 세기를 자연스럽게 하고 있습니다. 가족들

과 식사 준비를 하면서 젓가락이 충분한지 2개씩 묶어 세어보기도 하고, 마트에서 작은 과일이나 채소를 골라 담을 때도 자연스럽게 2개씩 또는 3개씩 담으면서 개수를 세고 있지요.

특히, 개수가 많은 것을 세어야 할 때는 이렇게 뛰어 세기와 묶어 세기를 하는 것이 꼭 필요합니다. 예를 들어, 많은 동전을 셀 때 우리는 자연스럽게 5개나 10개씩 뛰어 세거나 묶어 세게 됩니다. 사람이 많은 모임에서 인원을 파악할 때도 2명, 3명 혹은 5명씩 묶어서 헤아리면 더 효율적이죠. 또 연필꽂이에 연필이 가득 차 있을 때 2개, 3개 혹은 5개씩 묶어 센다면, 중간에 어디까지 셌는지 잊어버릴 걱정을 덜 수 있고, 전체 개수를 빠르게 파악할 수 있습니다. 과일을 상자에 담을 때에도 상자 크기에 따라 3개나 5개씩 묶어서 담으면 전체 개수를 쉽게 파악할 수 있고, 나중에 수량을 확인할 때도 편리할 것입니다.

이처럼 동일한 수만큼 뛰어서 세거나 묶어서 세어 보면 마치 축지법 같은 도술을 부리는 것처럼 개수를 금세 셀 수 있어 그만큼 시간도 절약할 수 있고 무엇보다 과정이 간편해지므로 실수도 줄어들게 됩니다. 그러고 보니 뛰어 세기와 묶어 세기는 우리 일상생활을 참 편리하게 해 주는 고마운 수학 개념입니다.

16제 효율적으로 세는 방법, '뛰어 세기와 묶어 세기'

그냥 셀 때

5씩 뛰어 셀 때

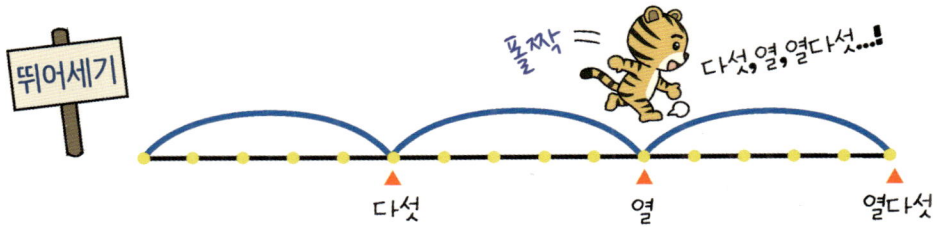

뛰어 세기와 묶어 세기가 주는 밝고 지혜로워지는 메시지

한 개씩 일일이 세는 것보다, 일정한 수만큼 뛰어 세거나 묶어 세기를 하면 효율적으로 수를 셀 수 있어 보다 빠르고 정확하게 개수를 파악할 수 있습니다. 이처럼 복잡한 과정을 간단하고 간결하며 단순하게 해 주는 뛰어 세기와 묶어 세기를 이용해 우리는 일상을 더욱 지혜롭게 살아가고 있는 것이지요.

17제

현명한 결정을 위한 '대푯값'

- 일상에서 많이 쓰이는 대푯값에는 어떤 것이 있을까?
- 무언가를 선택하고 결정할 때 대푯값을 어떻게 활용하고 있을까?

인터넷에서 실내화를 구매하려고 여러 사이트를 둘러보며 실내화의 형태와 재질, 색상, 가격 등에 대해 알아보려고 합니다. 막상 검색해 보니 판매하는 곳과 종류가 정말 다양해서 어떤 제품부터 살펴보면 좋을지를 고민하던 중 제품의 가격과 함께 구매 평점이 나와 있는 것이 보입니다. 구매 평점은 이미 제품을 구매하여 경험해 본 소비자들이 제품에 대해 평가한 점수들의 평균값을 나타내기 때문에 구매 평점이 높은 제품은 그만큼 소비자의 만족도가 높다고 볼 수 있습니다. 따라서, 구매 평점을 기준으로 삼아 어느 정도 검증된 제품부터 살펴보면 마음에 드는 제품을 찾기가 훨씬 수월해질 것입니다.

▲ 실내화 종류의 예

▲ 구매 후기 검색의 예

이처럼 내가 경험해 보지 않은 상태에서 어떤 선택이나 결정을 해야 할 때, 자료의 전반적인 경향이나 특성을 파악할 수 있도록 도와주는 값이 바로 '대푯값'입니다.

> **대푯값 : 자료 전체의 특징을 대표적으로 나타내는 값**

대푯값에는 평균, 중앙값, 최빈값 등이 있습니다. 이 중에서 우리가 일상적으로 가장 친숙하게 접하는 대푯값은 평균입니다. 평균은 자료 전체의 합을 자료 전체의 개수로 나눈 값을 말하는데 예를 들어 평균 키, 평균 수명, 평균 기온, 평균 강수량, 평균 점수, 평균 수입, 평균 수면 시간 등이 있습니다.

실제로 우리는 많은 평균값들을 접하고 참고하면서 다양한 선택과 결정을 하며 살아가고 있습니다. 맛집을 검색할 때는 별점이 높은 집일수록 대다수의 사람이 좋아하는 가게일 것이라고 쉽게 판단할 수 있게 됩니다. 또 영화를 볼 때는 평점이 높은 영화일수록 대부분의 사람이 재미있게 보았기 때문에 영화가 재미있을 것으로 판단하며 이를 바탕으로 어떤 영화를 볼지 선택하게 됩니다.

이처럼 우리는 일상에서 평균값을 기준으로 삼아 대다수의 의견이 어떠한지를 빠르게 파악할 수 있게 됩니다. 다양한 사람들의 다양한 의견 중에서 어떤 의견을 참조해야 할지 막막할 때 모든 사람의 의견을 대표하는 하나의 값만으로도 전체적인 의견이 어떤지를 알 수 있는 것이지요.

17제 현명한 결정을 위한 '대푯값'

그런데 단지 평균값만으로 모든 자료의 특성을 제대로 파악할 수 있을까요? 평균은 계산 원리가 단순하고 모든 자료의 값을 반영한다는 장점이 있습니다. 하지만 너무 작거나 너무 큰 값이 자료에 포함된 경우, 이러한 극단적인 값의 영향 때문에 오히려 자료의 대푯값으로 사용하기에 적절하지 않을 수 있다는 단점이 있습니다. 아래의 예를 통해 살펴보겠습니다.

$$1, 1, 3, 4, 4, 4, 5, 5, 5, 5, 40$$

위 표에는 11개 숫자가 크기 순서대로 차례로 나열되어 있습니다. 아래와 같이 이 숫자들의 평균을 구해 보면 7이 나옵니다.

$$평균 = \frac{1+1+3+4+4+4+5+5+5+5+40}{11} = 7$$

직관적으로 평균이라고 하면 '중간'을 떠올리게 되지요. 그런데 위 표에 있는 숫자에서 40을 제외하고는 모두 1과 5 사이의 값이므로 숫자 '7'이 위 숫자들의 중간에 위치한다고 보기는 어렵습니다. 그렇다면 이러한 결과가 어떻게 나오게 되었을까요? 바로 다른 대부분의 숫자보다 훨씬 큰 값인 숫자 '40'이 자료에 포함되어 있어서 평균값에 영향을 미친 것입니다.

이와 비슷한 사례가 현실에도 있을까요? 실제로 운동선수들의 평균 연봉이나 직장인 평균 연봉을 조사한 자료를 살펴보면 소수의 고액 연봉자가 포함되어 있으면 고액 연봉자가 미치는 영향 때문에 그 밖의 연봉자의 평균값이 실제보다 높게 알려져 사람들의 오해를 사는 경우가 있습니다. 그렇다면 이러한 경우를 보완하는 방법에는 어떤 것이 있을까요? 바로 중앙값을 활용하는 것입니다.

중앙값은 자료를 작은 값에서부터 크기 순서로 차례대로 나열할 때 가운데에 위치하는 값을 의미합니다. 위 표에서 중앙값은 여섯 번째에 있는 숫자 '4'가 되며, 이는 평균값인 '7'보다 전체 자료의 중간을 나타내는 대푯값으로 더욱 적절해 보입니다. 이처럼 자료에 극단적인 수치가 포함된 경우에는 평균값과 중앙값을 같이 살펴보면 좀 더 실제에 가깝게 파악할 수 있습니다. 평균 연봉도 평균값과 중앙값을 함께 살펴보면 실제 사람들이 받고 있는 연봉 수준을 현실에 더욱 가깝게 알 수 있어 오해를 줄이는 데 도움이 될 것입니다.

이번에는 평균값만으로 결정을 내리기에 위험한 경우를 살펴볼까요?

여름마다 물놀이 사고가 자주 발생하는데요. 만약 해수욕장의 안내판에 평균 수심이 1.2m라고 적혀 있을 때 내 키가 1.2m보다 더 크다면 안전 경고를 무시하고 물에 들어가도 괜찮을까요? 평균 수심은 말 그대로 수심의 평균값을 의미하는 것이기 때문에 실제로 1.2m보다 더 깊은 곳도 있고 더 얕은 곳도 있을 것입니다. 물놀이를 안전하게 하기 위해서는 수심이 가장 깊은 곳의 깊이가 내 키보다 얕아야겠지요? 이렇게 안전과 관련된 사항은 더욱 신중하게 평균값을 고려하여 안내 지시를 준수해야 합니다.

이번에는 나머지 대푯값인 최빈값에 대해 알아봅시다. 최빈값은 자료의 값 중에서 가장 많이 나타나는 값을 의미합니다. 최빈값은 사람들이 가장 좋아하는 색깔, 가장 많이 팔린 제품, 가장 많이 팔린 신발 사이즈, 가장 많은 표를 얻은 정치인 등과 같이 사람들의 선호도를 파악할 때 활용하면 좋은데요. 이렇게 사람들의 선호도를 알게 되면 그에 맞추어 판매나 홍보 전략을 세울 수도 있고 선호도 차이에 따라 생산량을 조절함으로써 재고 관리를 효율적으로 할 수 있다는 장점이 있습니다. 그뿐만 아니라 최빈값을 통해 가장 붐비는 출퇴근 시간대를 안다면 그 시간을 피해서 좀 더 여유롭게 출퇴근을 할 수도 있겠지요.

지금까지 여러 대푯값의 특징과 쓰임에 대해 알아보았습니다. 이렇게 살펴보니 우리의 작고 소소한 일상에서부터 생명과 관련된 안전에 이르기까지 대푯값이 정말 다양하게 연결되어 있음을 알 수 있지요. 대푯값이 일상의 곳곳에서 많은 영향을 미치고 있는 만큼 대푯값을 잘 활용하기 위해서는 각각의 대푯값들이 가지고 있는 특징을 잘 이해하는 것이 중요합니다. 그러한 이해를 바탕으로 필요한 목적에 맞게 대푯값을 잘 활용한다면 잘못된 정보에 현혹되거나 휘둘리지 않고 현명하게 판단하고 선택하며 결정을 내리게 되어 더욱 편리하고 지혜롭게 살아갈 수 있을 것입니다.

대푯값이 주는 밝고 지혜로워지는 메시지

수학의 대푯값은 전체 정보를 하나의 값으로 요약하여 한눈에 파악할 수 있게 해주는데요. 평균, 중앙값, 최빈값과 같은 대푯값의 특성과 특징 및 특색을 잘 이해하여 필요한 목적에 맞게 잘 활용하면 잘못된 정보에 현혹되거나 휘둘리지 않고 더욱 현명하게 판단하고 선택하며 결정을 내리게 될 것입니다.

18제

모든 일에는 순서가 중요해, '순서'

- 순서를 잘 지키지 않으면 무슨 일이 일어날까?
- 여러 가지 일을 효율적으로 하려면 어떻게 해야 할까?

　어떤 일들이 행해지거나 이루어질 때, 순서는 어느 것이 먼저이고 어느 것이 나중인지를 구분하는 것을 의미합니다. 예를 들어 흔히 먹는 음식인 샌드위치에서 단면을 살펴보면 어떤 순서로 재료를 넣었는지를 알 수 있습니다. 아래쪽부터 차례로 재료를 쌓아 올렸을 것이라고 가정하면 맨 아래쪽에 있는 것은 가장 먼저 넣은 재료라고 추정할 수 있고, 맨 위쪽의 재료는 가장 나중에 올린 재료라고 추정할 수 있습니다.

> **순서** : 어떤 일들이 행해지거나 이루어질 때, 어느 것이 먼저이고 어느 것이 나중인가에 대한 구분을 말함

　순서는 우리 삶에 어떤 의미가 있을까요? 먼저, 순서는 일을 효율적으로 하는 데에 중요한 역할을 합니다. 일상에서 요리할 때를 살펴보면 어떤 일을 먼저 하고 나중에 하는지에 따라 요리할 때의 동선이 달라질 수 있고, 순서를 어떻게 하느냐

에 따라 익히거나 다음 단계를 하기 위해 기다리는 시간이 달라져 전체 요리 시간에 영향을 미치게 됩니다. 또 재료 손질이나 볶는 순서를 어떻게 하는지에 따라 음식을 골고루 익히는데 영향을 미치기도 합니다. 예를 들어 채소를 볶을 때는 익는데 시간이 가장 오래 걸리는 재료부터 볶고 나머지 재료들은 늦게 익는 순서대로 넣는다면 모든 재료가 골고루 익게 될 것입니다. 만약 시간 순서를 제대로 지키지 않고 모든 재료를 한꺼번에 넣고 볶으면 어떤 일이 일어날까요? 빨리 익는 재료들은 타거나 과하게 익어 문드러지고 늦게 익는 재료들은 덜 익게 되어 음식의 완성도가 떨어질 것입니다.

요리뿐만 아니라 여행을 갈 때도 시간에 따른 순서를 잘 고려해 여행지를 돌아다닐 필요가 있습니다. 관광지를 돌아볼 때 장소마다 문을 여는 시간과 닫는 시간 그리고 점심시간과 휴일을 고려하여 어떤 순서로 돌아볼지 계획을 세우는 것도 효율적인 여행을 위해 참 중요합니다.

18제 모든 일에는 순서가 중요해, '순서'

▲ 관광지 예시 그림

문 닫는 시간

A 관광지 : 오후 6시

B 관광지 : 오후 4시

C 관광지 : 오후 5시

만약 현재 시각이 오후 3시이고 관광지까지의 거리 및 관광지와 관광지 사이의 거리는 30분 정도 걸리며 관광지를 둘러보는 시간도 30분 정도 걸린다고 가정해 봅시다. 이때 관광지 세 곳을 모두 돌아보고 싶은데 어떤 순서로 방문하는 것이 가장 좋을까요? 만약 A 관광지부터 방문한다고 하면 A 관광지를 둘러본 후 B 관광지로 가게 되면 B 관광지는 이미 문을 닫아 관광지를 둘러보지 못할 것입니다. 따라서 가장 먼저 문을 닫는 관광지인 B에서부터 시작해 C 그리고 A 관광지 순서로 둘러보면 모든 관광지를 둘러볼 수 있게 됩니다. 이처럼 방문 시간의 순서를 잘못 정하면 보고 싶은 관광지를 다 둘러보지 못한 채 다음 일정을 진행해야 할 수도 있고, 여행지에서 좀 더 기다리게 되어 시간을 낭비할 수도 있습니다. 그러면 여행 동선이 비효율적이 되어 결국 여행하는 데 소요되는 시간과 비용이 훨씬 많이 들게 될 것입니다.

일의 순서 또한 마찬가지입니다. 여러 가지 일을 처리해야 하는 경우, 일의 특성상 순차적 처리가 중요하다면 어떤 일부터 먼저 진행하는 것이 좋을지 순서를 잘 정할 필요가 있습니다. 이러한 경우 일의 긴급한 정도, 일의 중요도 또는 마감일, 먼저 해야 다음 일이 진행되는 일 등에 따라 순서를 잘 정한 다음에 진행해야 효율적으로 안정감 있게 일을 할 수 있습니다.

건물을 짓거나 인테리어 공사를 하는 경우 순차적이고 효율적으로 진행하기 위해서는 일의 순서에 따라 차근차근 진행하는 것이 중요합니다. 또 회사에서도 사업을 추진하거나 개인이 어떤 일을 수행할 때도 시간에 따른 순서를 잘 정하고 이를 잘 지키는 것이 효율적으로 일하는 데 참 중요합니다. 이를 위해 일이나 계획, 사건 따위를 시간의 경과에 따라 나열하거나 정리해 놓은 것, 즉 타임라인을 만들기도 합니다. 이러한 타임라인은 시간에 따라 어떤 순서대로 일을 진행할지를 보다 명확하게 인식하게 해 주어 차근차근 효율적으로 일을 진행하면서도 빠뜨리는 일 없이 모든 일을 때에 알맞게 완료할 수 있도록 도움을 주기도 합니다.

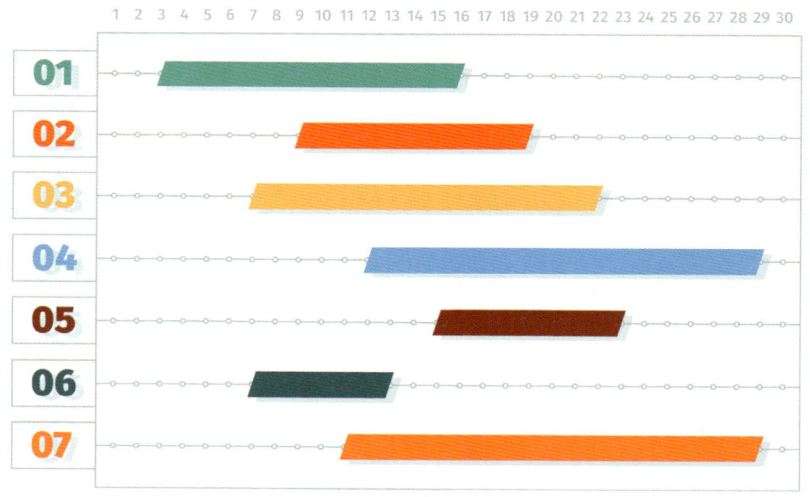

▲ 타임라인 예

개인 또는 기업의 걸어온 길이나 역사를 기록할 때도 이를 시간 순서대로 나열해 보면 지나온 과정의 흐름을 더욱 쉽게 파악할 수 있습니다. 시간에 따라 정리된 내용을 보면 사건의 진행과 전체 흐름을 명확하게 이해하는 데 큰 도움이 되지요.

또 일상 속에서 사람들과 대화할 때도 순서는 중요한 역할을 합니다. 대화할 때 먼저 무엇을 해야 할까요? 바로 상대방의 말에 귀 기울여 주는 경청입니다. 경청부터 먼저 하고 그다음에 자신의 의견을 말하고 다시 경청하는 순서를 잘 지킨다면 상대방을 존중하는 가운데 자신도 존중받을 수 있게 됩니다. 반면에 순서를 잘 지키지 않으면, 자꾸 자신의 주장만을 고집하게 되거나 상대방의 이야기를 중간에 끊고 자신의 이야기만을 말하게 되어 원활하게 소통이 잘되지 않는 경우가 많아질 것입니다.

결국 무엇을 먼저 하고 무엇을 나중에 할지에 대한 순서를 잘 고려하면 일을 효율적으로 할 수 있게 되고 전체의 흐름도 잘 파악할 수 있습니다. 또한 대화의 순서를 잘 지키면 서로 인정하고 존중하며 배려하는 분위기 속에서 교류하고 공감하며 소통하고 함께할 수 있게 되므로, '순서'는 삶을 지혜롭게 그리고 조화롭게 살아갈 수 있게 하는 중요한 수학 개념이라 할 수 있지요.

순서가 주는 밝고 지혜로워지는 메시지

순서를 잘 지키지 않으면 무슨 일이 일어날까요? 뒤죽박죽되고 혼란스러운 일이 많이 생길 것입니다. 순서가 있어 우리는 일을 효율적으로 할 수 있고 전체 흐름을 더 잘 이해할 수 있으며 서로 인정하고 존중하며 배려하는 분위기 속에서 교류하고 공감하며 소통하고 함께할 수 있게 됩니다.

19제

위치를 정확하게 알기 위한 '좌표'

- 우리는 어떻게 목적지를 잘 찾아갈 수 있을까?
- 차를 주차한 뒤에 이후 정확하게 그곳을 찾아가려면 어떻게 해야 할까?

우리는 내비게이션이 있어 목적지를 정확하게 찾아갈 수 있고 영화관의 좌석 위치가 관람권에 좌표(예 A7열)로 표기되어 있어 자신의 자리를 찾아 다른 사람 자리와 겹치지 않게 앉을 수 있습니다. 이렇게 할 수 있는 것은 모두 수학의 '좌표' 개념이 있기 때문이지요.

좌표 : 평면이나 공간 안에서의 점의 위치를 나타내는 수의 짝

그러면 수학의 좌표 개념에 대해 좀 더 알아보겠습니다.

위 그림처럼 평면에 점을 하나 찍어 보겠습니다. 이 점의 정확한 위치를 다른 사람한테 알려주려면 어떻게 해야 할까요? 예를 들어 "이 점의 위치는 평면상에서 오른쪽 중간 부분에서 살짝 윗부분쯤에 있다."라고 표현하면 모든 사람이 이 점의 위치를 누구나 똑같이 인식할 수 있을까요? 아마도 이 말을 듣고 점의 위치를 표시해 보라고 하면 조금 막연해하며 위치를 특정하지 못하거나 실제 위치와는 조금 다른 곳에 점을 표시하게 될 가능성이 높습니다.

이러한 문제를 해결하기 위해 이번에는 평면에 격자를 표시해 보겠습니다. 이렇게 격자가 있으면 점의 위치가 좀 더 분명해 보이며, 격자를 사용하여 점의 위치를 '몇 칸'이라는 단위로 보다 정확하게 나타낼 수 있습니다. 그런데 점의 위치를 격자를 통해 정확하게 표현하기 위해서는 한 가지 조건이 더 필요한데, 바로 기준점입니다. 기준점을 정해야 그 기준에서부터 몇 칸을 이동해야 하는지를 설명할 수 있기 때문입니다. 예를 들어 동네 마트를 설명할 때 "○○초등학교 정문에서 오른쪽으로 50m 정도 가시면 마트가 보여요."라고 설명하는 경우 기준점은 ○○초등학교 정문이 되겠지요. 수학에서는 이러한 기준점을 '원점'이라고 하는데, 원점이라는 기준을 왼쪽 아래에 빨간색 점으로 표시해 보겠습니다.

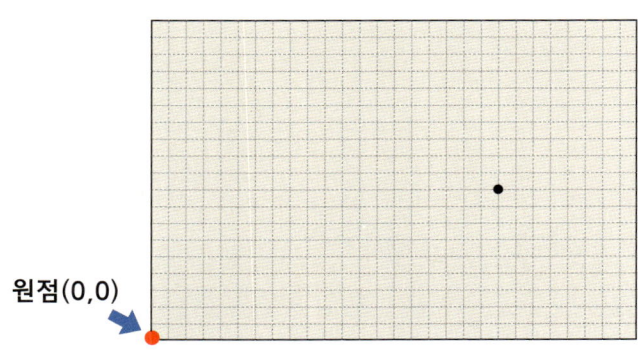

이제 기준점(시작점)이 있고 격자(단위)가 있으므로 기준점의 위치를 기준으로 여기에서 오른쪽으로 몇 칸, 위쪽으로 몇 칸 가면 검은색 점이 나오는지를 숫자로 표현할 수 있습니다. 좀 더 자세히 이야기하면 기준이 되는 점을 모든 수의 시작을 의미하는 0을 이용해 표현한다면 가로축의 시작점인 0과 세로축의 시작점인 0의 두 숫자를 사용해서 (0, 0)이라는 순서쌍으로 나타낼 수 있습니다. 그리고 격자의 한 칸을 1이라고 약속하는 것입니다. 이렇게 기준점을 잡고, 한 칸이 얼마만큼 크기인지를 정의한 다음에 오른쪽으로 몇 칸, 위쪽으로 몇 칸 이동한 점이 검정색 점인지를 순서쌍으로 표기하게 되면 (20, 9)가 됩니다. 이렇게 되면 모든 사람이 점의 위치를 똑같이 가리키고 인식할 수 있게 됩니다. 이것이 바로 좌표(어떤 지점의 위치를 나타내는 수나 수의 짝) 체계의 장점입니다. 실제로 이렇게 위치 표시를 좌표로 하지 않으면 세밀하고 정확한 위치 표현은 어렵습니다.

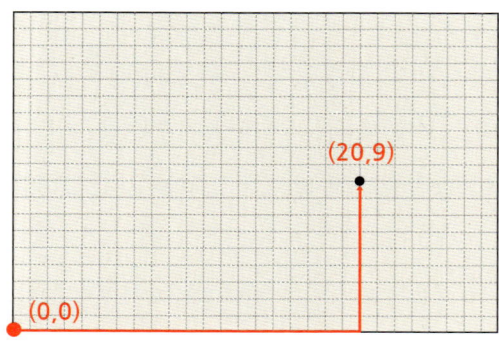

좌표는 일상생활에서 많이 사용되고 있습니다. 실제로 영화관에 가서 G5열이라는 좌석을 정확하게 찾아가고 주차장에 주차된 차를 B3이라는 표기를 보고 쉽게 찾아갈 수 있는 것은 모두 좌표 덕분입니다.

19제 위치를 정확하게 알기 위한 '좌표'

또 지도상의 위도와 경도 그리고 내비게이션의 GPS도 위치를 숫자로 나타내는 좌표의 예입니다. 이처럼 누구나 같은 장소를 가리킬 수 있도록 정확하고 명확하며 명쾌하게 숫자를 이용하여 위치를 표시해 줄 수 있는 수 체계가 좌표 체계입니다.

▲ 위도와 경도의 예

▲ 내비게이션의 예

또 수학의 '좌표' 개념을 이용해 누구나 어느 위치든지 정확하게 나타내고 공유할 수 있게 되었습니다. 서로의 생각이나 의식을 공유할 수 있다는 것은 서로 오해하거나 상대방의 이야기를 잘못 이해하는 일 없이 같은 곳을 표현하고 바라보며 오거나 갈 수 있음을 의미합니다. 그래서 좌표를 통해 다른 사람들과 같은 생각을 공유할 수 있어 원활하게 서로 교류하고 공감하며 소통이 가능해집니다.

결국 좌표라는 정확하고 명확하며 명쾌한 쌍을 이룬 숫자가 있어 어느 위치든지 정확하게 표현할 수 있고, 이를 통해 누구나 그 위치를 똑같이 찾아갈 수 있음을 알게 되었습니다. 체계적이고 논리적이며 합리적인 수학 개념인 좌표 덕분에 누구나 정확한 위치의 공유가 가능하고, 오해 없이 함께할 수 있으며, 삶을 더욱 지혜롭게 살아갈 수 있으므로, 체계적이고 논리적이며 합리적인 사고가 중요함을 다시금 깨닫게 됩니다.

좌표가 주는 밝고 지혜로워지는 메시지

수학의 좌표 체계를 이용하면, 모든 사람이 혼란을 겪지 않고 목적지를 찾아가고 오차 없이 같은 곳을 표현할 수 있습니다. 이를 통해 체계적이고 논리적이며 합리적인 사고가 삶을 지혜롭게 사는 데 있어 참 중요함을 깨닫게 됩니다.

20제

최고의 선택을 위한
'경우의 수'

- 가장 좋은 선택을 하려면 어떻게 해야 할까?
- 일어날 수 있는 모든 가능성을 미리 알면 어떤 점이 좋을까?

이번 시간의 주제는 최고 또는 최선의 선택을 위해 필요한 수학 개념인 '경우의 수'입니다. 경우의 수 개념은 다른 수학 개념에 비해 어디서 많이 들어 본 것 같고 그래서 좀 더 친근하게 여길 수 있을 것 같습니다. 일상에서 경우의 수라는 용어를 언제 접하게 되는지를 생각해 보면, 주로 월드컵 축구 경기를 비롯한 운동 경기 관련 뉴스 기사에서 언급되는 것을 알 수 있습니다. 기사 내용 중 "대한민국 축구 국가 대표팀이 16강에 진출할 경우의 수는 …."라고 표현할 때 나오는 경우의 수가 바로 수학 개념인 경우의 수입니다.

> 경우의 수 : 일어날 수 있는 모든 경우의 가짓수

이러한 경우의 수를 아는 것이 우리의 삶에 어떻게 도움이 될지 생각해 봅시다. 오늘은 어떤 옷을 입고 갈지, 여행 경로는 어떻게 짜면 좋을지, 오늘 점심은 무엇으로 할지, 팀을 어떻게 나누면 좋을지 등 우리는 일상에서 수많은 선택을 합니다. 그런데 무언가를 선택할 경우, 중요한 사항 중의 하나는 가장 좋은 선택을 하기 위해서는 모든 가능성을 알 필요가 있다는 것입니다.

예를 들어 식당에 가서 메뉴를 고를 때를 생각해 보겠습니다. 그 식당에서 고를 수 있는 모든 메뉴를 알고 메뉴를 선택할 때와 일부 메뉴만을 보고 선택할 때는 어떤 차이가 있을까요? 만약 식당의 메뉴 중에서 일부만을 보고 먹고 싶은 음식을 고른다면, 음식이 나온 후 다른 손님이 내가 고려하지 않았던 메뉴를 맛있게 먹는 모습을 보며 자신의 선택을 후회하는 상황이 발생할 수도 있습니다.

다시 말해 일어날 수 있는 모든 가능성을 빠뜨리지 않고 파악한 뒤에 선택해야만 가장 좋은 선택을 했다고 말할 수 있지요. 반면에 모든 가능성을 파악하지 못하고 선택한다면 그 선택은 최고의 선택이 아닐 가능성이 있다는 것입니다. 미처 파악하지 못한 다른 가능성 중에서 더 나은 선택지가 있었을 가능성이 있기 때문이지요.

20제 최고의 선택을 위한 '경우의 수'

결국 모든 가능성의 수를 하나도 빠뜨리지 않고 미리 파악하는 것은 최고의 선택을 위해서, 그리고 모든 가능성을 대비한다는 차원에서도 매우 중요합니다. 수학의 경우의 수가 바로 그렇게 할 수 있도록 도움을 줍니다.

예를 들어 오늘 어떤 옷을 입고 나갈지를 고민하고 있다고 가정해 보겠습니다. 상의 4벌과 하의 2벌의 조합으로 가능한 조합은 모두 몇 가지일까요?

4 × 2로 모두 여덟 가지가 될 것입니다.

가게에서 구매하고 싶은 물건이 3개 있는데 그중 2개만 살 수 있다면 어떤 조합이 가능할까요? 3개 중에서 2개를 고를 경우의 수는 모두 여섯 가지인데, 순서에 상관없이 고를 수 있기 때문에 결국 세 가지 조합이 가능할 것입니다.

20제 최고의 선택을 위한 '경우의 수'

또 음식점을 운영할 때 세트 메뉴 조합에 대해 고민한다면 가능한 조합의 가짓수는 어떻게 될까요? 예를 들어 야채김밥, 김치김밥, 치즈김밥의 3종류 중 하나에, 고추장떡볶이와 간장떡볶이의 2종류 중 하나를 선택해 세트 메뉴를 만든다고 가정해 보겠습니다. 이 경우, 각각의 김밥에 대해 고를 수 있는 떡볶이가 2종류인데, 김밥은 3종류이므로 세트 메뉴는 2 × 3 = 6으로, 모두 여섯 가지가 됩니다.

이처럼 경우의 수는 내가 선택할 수 있는 모든 경우의 가짓수를 체계적이고 논리적이며 합리적인 사고로 파악할 수 있게 합니다. 따라서 경우의 수를 잘 파악하게 되면 혹여 놓치고 빠뜨린 다른 대안은 없는지를 정확하고 명확하게 확인할 수 있게 됩니다.

일상 속 다른 상황에서도 경우의 수를 고려하는 일이 많습니다. 가장 약효가 좋은 약재 조합을 찾을 때, 가장 팀워크가 좋은 팀을 구성할 때, 가장 좋은 선물 세트 구성을 만들 때, 그리고 가장 영양소가 골고루 있는 식단을 구성할 때 등의 상황에서도 모든 가능한 조합을 파악하는 일은 매우 중요합니다. 이러한 과정을 거쳐야, 가장 좋은 선택지가 될 수 있는 경우까지 놓치지 않고, 모든 가능한 경우 중에서 가장 좋은 것을 찾을 수 있기 때문입니다. 그리하면 그 선택이 모든 경우의 수 중에서 가장 최적임을 전제한 결정이 되므로, 이후에 '이 결정이 정말 최선이었을까?' 또는 '좀 더 좋은 방법은 없었을까?'와 같은 후회나 의구심이 들지 않을 것입니다.

경우의 수는 가능한 모든 결과를 체계적이고 논리적이며 합리적으로 파악하게 해 주어 늘 최고 또는 최선의 선택을 할 수 있도록 하는 바탕이 됩니다. 그래서 경우의 수는 삶을 지혜롭게 살아가도록 도와주는 소중한 수학 개념입니다.

'최고의 선택'을 위해, 경우의 수를 활용하여 모든 가능한 선택지를 찾아보고 검토해 본다면, 자신의 선택에 대해 보다 큰 믿음과 확신 및 자신감을 가질 수 있고, 후회는 줄이며 만족감을 높일 수 있지 않을까요?

경우의 수가 주는 밝고 지혜로워지는 메시지

우리는 일상에서 수많은 선택을 하는데요. 무엇이 가장 좋은 선택일지 고민하기에 앞서, 어떤 가능한 경우들이 있는지를 모두 파악하는 것이 가장 좋은 선택을 하는 중요한 바탕이 됩니다. 경우의 수는 바로 이러한 '최고의 선택'을 위해, 체계적이고 논리적이며 합리적으로 가능한 모든 결과를 미리 파악할 수 있게 도와주는 수학 개념입니다.

밝고 지혜로워지는 수학 이야기

균형감과 공정함

21제 **균형감 있고 공정한 모양, '원과 구'**
22제 **좌우가 같아서 좋은 '대칭'**
23제 **균형감과 공정함의 수, '숫자 3'**

21제

균형감 있고 공정한 모양, '원과 구'

- 동그란 모양이어서 좋은 점은 무엇일까?
- 누구에게나 골고루 준다는 것을 도형으로 표현하면 어떤 모양일까?

 흔히 동그란 모양을 '원'이라고 하는데 수학에서 원은 평면상의 어떤 한 점에서 같은 거리에 있는 모든 점들의 집합을 말합니다. 이때 원의 가운데에서 기준이 되는 한 점을 '원의 중심'이라 하고, 원의 중심으로부터 원까지의 거리를 '반지름'이라고 합니다.

> 원 : 평면상의 한 점에서 같은 거리에 있는 점들의 집합

 사실 우리가 사는 세상에서는 곳곳에서 이러한 원 모양을 쉽게 찾아볼 수 있습니다. 동전, 맨홀 뚜껑, 카메라의 렌즈, 자전거나 자동차의 바퀴, 시계, 프라이팬, 과녁, 거울, 피자, 접시 등 원 모양의 물체는 우리 삶 속에 다양한 모습으로 흔하게 있습니다. 또 물방울이 퍼져 나가는 모양, 폭죽이 터질 때 가장자리를 이루는 전체 모양이나 빛 무리 등도 모두 원 모양이라고 할 수 있지요.

21제 균형감 있고 공정한 모양, '원과 구'

▲ 시계

▲ 접시

▲ 자전거

▲ 자동차 바퀴

▲ 물방울이 퍼져 나가는 모양

　사실 이러한 원 모양에는 여러 가지 장점이 숨어 있습니다. 예를 들어, 물방울이 떨어질 때 물이 동심원 형태로 어느 한쪽으로 치우치지 않고 모든 방향으로 골고루 퍼지기 때문에 어느 영역에서든지 물결을 접할 수 있게 됩니다. 그리고 요리할 때 프라이팬이 둥근 모양이면 열이 모든 방향으로 골고루 퍼져서 음식이 골고루 잘 익게 될 것입니다. 바퀴가 인류의 역사를 바꾼 발명이었던 것은 잘 굴러갈 수 있는 원 모양이어서 바퀴를 이용해 물건을 옮기거나 사람들이 이동하기가 훨씬 수월해졌기 때문이지요. 게다가 원 모양은 삼각형, 사각형 등의 다각형들과 달리 각이 없기 때문에 외부에서 충격을 받게 되더라도 충격으로 인한 힘이 여러 방향으로 골고루 분산되므로 구조물이 튼튼하다는 장점도 있습니다.

또한 원 모양의 원형 테이블은 그 자체로 균형감과 공정함의 속성을 담고 있습니다. 왜냐하면 자리에 앉은 사람 모두가 테이블의 중심에서 같은 거리에 위치해 있어, 동등한 위치에서 서로 마주 보며 대화할 수 있기 때문입니다.

▲ 원탁 회의 모습의 예

원형 경기장이나 극장 등의 건축물에서도 앞서 언급한 '누구나 골고루'의 속성을 찾아볼 수 있습니다. 경기장이나 무대의 중심으로부터 객석까지의 거리를 일정하게 원형으로 만들면, 관객은 어느 자리에 앉든지 무대 중심에 선 주인공을 같은 거리에서 볼 수 있는 것이지요. 만약 무대가 가로로 긴 사각형이라면 주인공 정면에 앉은 관객은 가까이서 볼 수 있지만, 가장자리에 앉은 관객은 상대적으로 멀리서 보게 될 것입니다.

▲ 원형 경기장의 예

▲ 원형 극장의 예

또 원을 3차원으로 확장해 보면, 모든 점이 중심에서 어느 방향으로도 같은 거리만큼 떨어져 있는 형태인 '구'가 되는데요.

> 구 : 3차원상의 한 점에서 같은 거리에 있는 점들의 집합

야구공, 축구공, 농구공, 오렌지, 눈사람, 행성 등이 대표적인 구의 예라고 할 수 있습니다. 특히, 공은 어느 방향이든지 중심에서 같은 거리만큼을 유지하는 구 형태이기에 부드럽게 잘 굴러가는 특징을 가지는데, 그러한 특성으로 인해 한쪽으로 치우쳐서 이동하지 않고 어느 방향이든지 고르고 균형 있게 갈 수 있게 됩니다. 빛도 마찬가지인데요. 빛이 구 모양으로 모든 방향에 골고루 퍼져 나가게 되어 세상 만물이 어디에서든지 햇볕을 동등하게 받을 수 있게 됩니다.

21제 균형감 있고 공정한 모양, '원과 구'

▲ 여러 가지 공

▲ 태양계 행성들

이처럼 원과 구는 2차원 혹은 3차원상에서 중심점으로부터 모든 방향으로 거리가 같은 점들의 집합으로 구성된 형태이기에, 누구에게나 기회를 골고루, 그리고 동등하게 준다는 의미를 담고 있습니다. 한 점에서 균일하게 퍼지면서 만들어지는 원과 구를 통해, 누구에게나 골고루, 동등한 기회를 주는 것이 균형감과 공정함을 바탕으로 모든 사람이 만족하고 행복할 수 있는 하나의 전제 조건임을 깨우치게 됩니다.

원과 구가 주는 밝고 지혜로워지는 메시지

원과 구의 형태에서 우리는 균형감과 안정감을 느끼게 됩니다. 이와 더불어 우리는 원과 구라는 형태에 담겨 있는 '골고루'의 의미를 통해 누구에게나 공평하게 기회를 주는 것이 균형감 및 공정함을 유지하는 데 중요한 요소임을 다시금 일깨우게 됩니다.

22제

좌우가 같아서 좋은 '대칭'

- 우리 주변에서 대칭을 이루는 물건들은 무엇이 있을까?
- 많은 동식물이나 건축물의 형상이 대칭을 이루는 이유는 무엇일까?

여러분은 학교 미술 시간에 데칼코마니 방식으로 그림을 그려 본 적이 있을 것입니다. 스케치북의 한쪽 면에만 여러 색깔의 물감을 칠하여 종이를 접은 뒤에 꾹꾹 눌렀다가 펼치게 되면 양쪽 면에 똑같은 모양으로 화려한 무늬가 만들어지게 되어 마치 마술이 일어난 것처럼 참 신기하고 놀라운 경험을 하게 되는데요. 데칼코마니는 바로 대칭 구조를 엿볼 수 있는 대표적인 예라고 할 수 있지요.

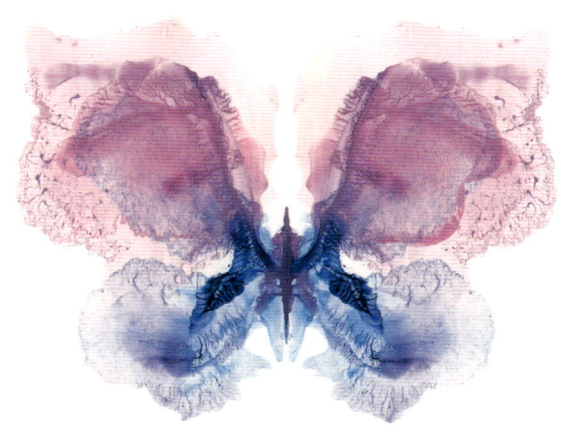

▲ 데칼코마니

22제 좌우가 같아서 좋은 '대칭'

수학에서의 대칭은 기준이 되는 점, 선, 면을 사이에 두고 같은 거리에서 마주 보고 있는 것을 말합니다. 중심이 되는 축이 어떤 형태이냐에 따라 '선대칭', '점대칭' 등으로 나뉠 수 있습니다. 이러한 대칭 구조를 가진 물건들이 우리 주위에 얼마나 있는지 잠시 눈을 들어 찾아볼까요?

> **대칭 : 기준이 되는 점·선·면을 사이에 두고 같은 거리에서 마주 보고 있는 것**

지금 손에 들고 있는 이 책도 접었다가 펼쳐 보니 대칭 구조로 되어 있습니다. 내가 앉아 있는 의자와 책상, 컴퓨터의 모니터도 대칭을 이루고 있고 휴대폰, 마우스, 머그잔, 옷장, 선풍기, 냉장고, 자동차와 아파트 건물, 횡단보도까지 모두 대칭을 이루고 있음을 알 수 있습니다. 이 밖에도 우리 주변에는 대칭이 아닌 물건을 찾는 것보다 대칭을 이루고 있는 물건을 찾는 것이 훨씬 수월할 정도로 대칭으로 된 것들이 정말 많습니다.

이러한 대칭 구조는 일상 속 눈에 보이는 형상이나 물건뿐만 아니라 사람의 눈으로는 볼 수 없는 아주 미세한 영역에서도 찾아볼 수 있는데요. 바로 우리가 살아가기 위해서는 꼭 필요한 물과 산소의 분자 구조도 대칭을 이루고 있습니다. 또 겨울에 흰 눈이 소복소복 쌓여 있는 것을 확대해서 살펴보면 눈 결정이 마치 꽃이 피어 있는 것처럼 아름다운 대칭 구조를 이루고 있음을 알 수 있습니다.

그렇다면 거시에서 미시에 이르기까지 수많은 형상들이 대칭이어서 좋은 점이 무엇일까요?

▲ 물 분자

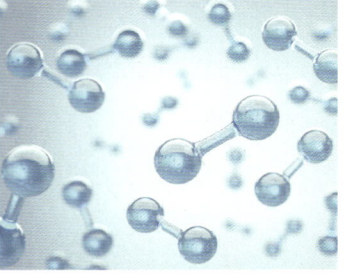
▲ 산소 분자

▲ 눈 결정

먼저, 대칭을 이루는 구조이기에 우리는 아름다움을 느끼는 경우가 많습니다. 대칭을 이루면 인간의 양쪽 뇌가 똑같은 정도로 자극을 받기 때문에 안정감을 느끼게 되어 대칭을 이룰수록 더 매력적으로 느끼게 된다고 합니다. 실제로 생명체들이 대칭으로 되어 있어서 우리는 좀 더 편안함과 안정감, 그리고 아름다움을 느끼게 되고 건축물 또한 비대칭이 아닌 대칭구조일 때 더 아름다움을 느끼게 됩니다. 그런데 동식물이나 건축물의 경우에만 해당하는 것이 아니라 사람의 얼굴이나 체형에 대해서도 유사한 결과를 보여 주는 연구가 있는데요. 매력적인 얼굴에 대해 오랜 기간 연구해 온 영국의 심리학자 데이비드 페렛(David Perrett) 교수의 연구에 따르면 연구 참가자들은 대칭을 이룬 얼굴일수록 더 매력적으로 느끼고 선호도가 높았다고 합니다 (페렛, 2014).

▲ 전통 가옥

▲ 나비

▲ 타지마할

이렇게 동식물, 건축물 그리고 신체의 구조나 형태가 대칭을 이루고 있으면 아름다워 보인다는 장점 외에 또 어떤 장점이 있을까요? 바로 균형감입니다. 지구상에 존재하는 모든 생명체는 항상 중력의 영향을 받으며 살고 있습니다. 만약 우리 몸이 비대칭이라면 중력의 영향을 다르게 받게 되어 몸이 한쪽으로 기울어질 수 있으므로 그만큼 쉽게 넘어지거나 다칠 위험도 커지겠지요. 그런데 인간의 몸은 좌우 대칭을 이루기 때문에 균형을 잘 유지할 수 있어서 자유롭게 움직일 수 있습니다.

야생 동물의 경우 좌우 대칭을 잘 이루느냐는 곧바로 생존과 직결될 수 있습니다. 몸이 대칭을 이루면 어느 한쪽으로 치우치지 않고 양쪽으로 자유롭게 이동할 수 있어 천적이 예측하기 어렵게 움직이며 도망칠 수 있습니다. 또한, 어느 방향으로 움직이든지 균형을 잘 잡을 수 있어 그만큼 살아남을 가능성도 높아지는 것이지요. 마찬가지로 새의 경우 날개가 좌우 대칭을 이루고 있기 때문에 공중에서 떨어지지 않고 균형을 잘 잡아 날 수 있는 것이고, 생명체는 아니지만 비행기도 좌우 날개가 대칭을 이루고 있어서 전 세계 하늘을 안전하게 날아 이곳저곳 누비며 다닐 수 있습니다.

또 대칭을 이루는 구조는 공정성에서도 중요한 역할을 합니다. 축구장이나 농구장, 테니스 코트 등의 운동 경기장이 서로 대칭 구조를 이루고 있기 때문에 선수들이 동일한 조건에서 공정한 경기를 할 수 있습니다. 또 천칭 저울이 대칭 구조를 이루고 있어 어떤 물체를 한쪽 접시에 올려놓았을 때 어느 한쪽으로도 기울어지지 않도록 수평을 맞춤으로써 올려놓은 물건의 무게를 공정하게 잴 수 있게 됩니다.

22제 좌우가 같아서 좋은 '대칭'

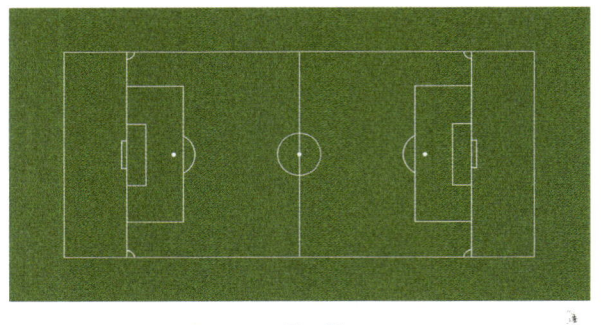 

▲ 경기장　　　　　　　　▲ 천칭 저울

　이렇게 다양한 대칭 구조에 대해 살펴보며 주위를 둘러보니 세상의 사물들은 대부분 대칭으로 이루어져 있다고 말하더라도 무리가 없어 보입니다. 어쩌면 세상이 대부분 대칭구조로 이루어져 있기에 지금까지 내 몸이 대칭이라는 것도, 주변의 사물들이 대칭을 이루는 것도 너무나 당연하게 여겼으며 대칭이 특별하다는 인식을 잘하지 못했을 것 같은데요. 균형감, 안정감, 아름다움, 그리고 공정성에 이르기까지 대칭 구조의 다양한 장점을 알고 나니 대칭이 있어 우리가 세상을 균형감 있고 안정감 있게, 그리고 조화롭고 아름답게 살아갈 수 있음에 참 고맙고 감사한 마음이 일어나네요.

대칭이 주는 밝고 지혜로워지는 메시지

대칭은 세상을 이루는 기본 구조가 되는 것으로, 대칭 구조를 통해 세상을 더욱 잘 이해하게 되면 대칭이 주는 안정감과 균형감을 바탕으로 보다 균형 있고 공정한 삶을 살아갈 수 있을 것입니다.

22제 좌우가 같아서 좋은 '대칭'

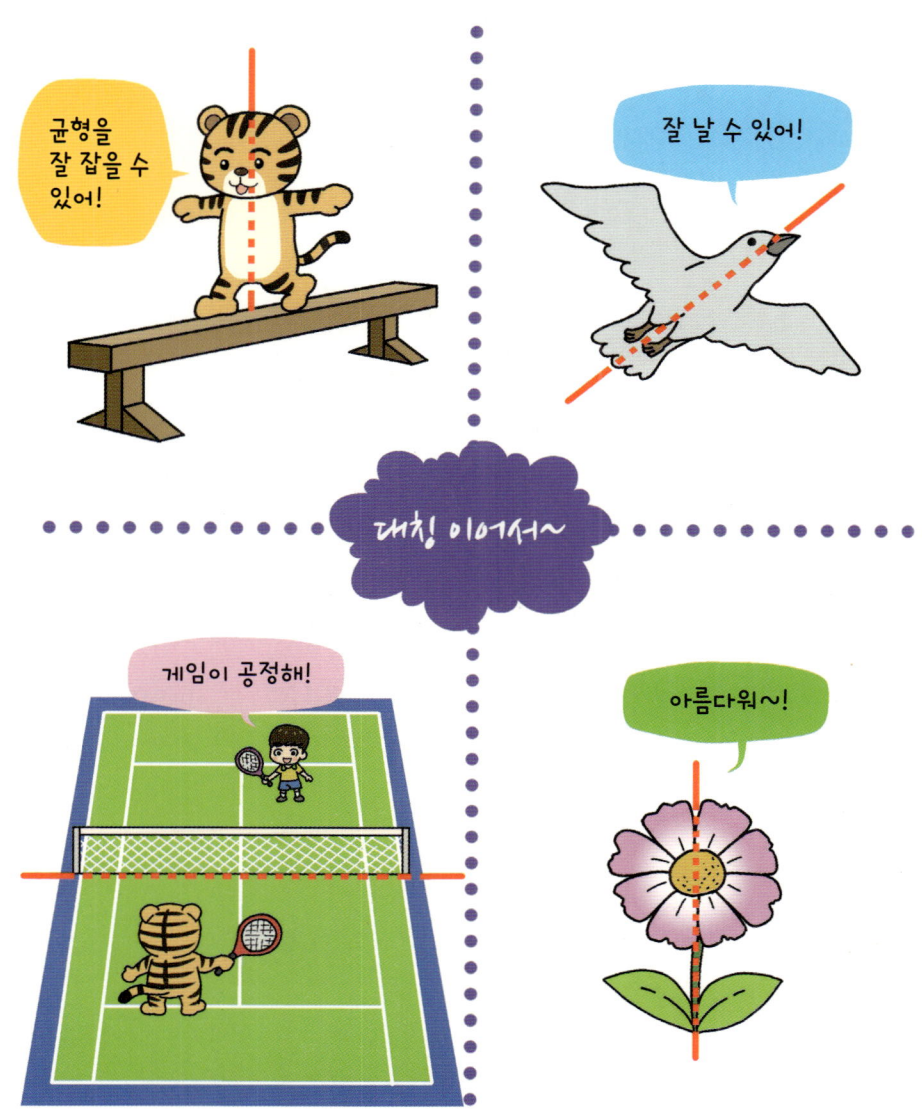

23제

균형감과 공정함의 수, '숫자 3'

- 왜 보통 삼세판으로 승부를 겨루는 것일까?
- 가위바위보는 왜 가위, 바위, 보의 세 가지일까?

　우리는 승부를 겨룰 때 흔히 "삼세판으로 정하자."라고 말을 하는데요. 삼세판은 3전 2승으로 승부를 겨루는 것을 말합니다. 그런데 왜 삼세판일까요? 단판으로 승부를 내기에는 왠지 아쉽고, 한 판 만에 지게 되면 억울할 수도 있는데요. 그렇다고 두 판으로 승부를 겨루면 서로 한 번씩 이겼을 때 일대일(1:1)이 되어 승부가 나지 않을 수도 있습니다. 그런데 삼세판을 하게 되면 단판이 아닌 가장 최소한의 횟수로 승부를 낼 수 있게 됩니다. 이처럼 승부 겨루기에서 자주 하게 되는 삼세판에는 바로 숫자 3의 의미가 숨어 있습니다.

> 숫자 3 : 균형과 안정감을 담고 있는 숫자임

　숫자 3은 최소한의 개수로 균형감과 안정감을 주는 수입니다. 우리는 모두 두발자전거보다는 세발자전거가 넘어질 확률이 낮고 훨씬 더 안전하다는 것을 알고 있지요. 이는 3개의 바퀴가 하나의 삼각형 모양을 이루며 지면과 맞닿아 있고 바퀴의 개수가 2개일 때보다 더 넓은 면적으로 지탱해 주기 때문입니다. 이와 같은 이유로 사진을 찍거나 영상을 촬영할 때 사용하는 카메라 삼각대도 3개의 다리로 균형을 잘 잡아 주어 흔들거리지 않고 촬영할 수 있습니다. 만약 삼각대의 다리 하나가 고장 나서 2개만으로 지탱해야 한다면 안정감 있게 서 있기는 어려울 것입니다. 그렇다면 삼각대의 다리가 4개이면 훨씬 안정적이지 않을까요? 다리가 4개이면 물론 더 튼튼하고 안정적이겠지만 재료비가 많이 들게 되고 휴대할 때 무거워져서 불편해지는 단점이 생깁니다. 따라서 재료비를 많이 들이지 않고 최소한의 다리 개수로 균형을 잘 잡아 카메라의 지지력을 높이는 방법은 삼각대의 다리가 3개인 경우입니다.

▲ 삼각대의 예

▲ 세발자전거

이 밖에도 숫자 3은 국가 간의 균형을 이루는 관계를 설명해 주기도 합니다. 예를 들어 국가가 2개인 경우 어느 한 국가가 우위를 점하고 있다면 균형이 깨지면서 한쪽 국가가 다른 쪽 국가를 침략하여 점령할 개연성이 높아질 수 있습니다. 반면에 세 국가 A, B, C가 인접해 있는 경우, 어느 한 국가가 다른 국가를 섣불리 침략하기가 어려울 것입니다. 만약 국가 A가 국가 B를 공격하면, 그 틈을 노리고 국가 C가 국가 A를 공격할 수 있기 때문에 국가 A는 쉽게 움직이기 힘듭니다. 이러한 상황은 국가 B와 국가 C도 마찬가지겠지요. 그래서 지난 역사에서 삼국 체제가 유지되었던 시대가 의외로 오랜 기간 지속될 수 있었던 게 아닐까 싶습니다.

다시 일상으로 돌아와서 우리가 순서를 정하거나 승부를 겨룰 때 가장 흔하게 쓰는 방법은 가위바위보입니다. 가위바위보로 승부를 겨루게 되면 그 결과에 모든 사람이 승복하고 따르게 됩니다. 모든 사람이 가위바위보는 공정하게 승부를 가를 수 있는 게임이라는 사실에 동의하고 있기 때문입니다. 그런데 가위바위보는 왜 가위, 바위, 보의 세 가지로 이루어져 있는 것일까요? 숫자 3과는 어떤 연관성이 있을까요?

예를 들어 가위와 바위, 바위와 보, 보와 가위처럼 두 가지만 있으면 한쪽이 일방적으로 유리할 수 있습니다. 가위와 바위 두 가지만 있으면 승부가 날까요? 모두 바위만 내려고 하기 때문에 승부를 낼 수 없게 됩니다. 그러면 가위, 바위, 보 외

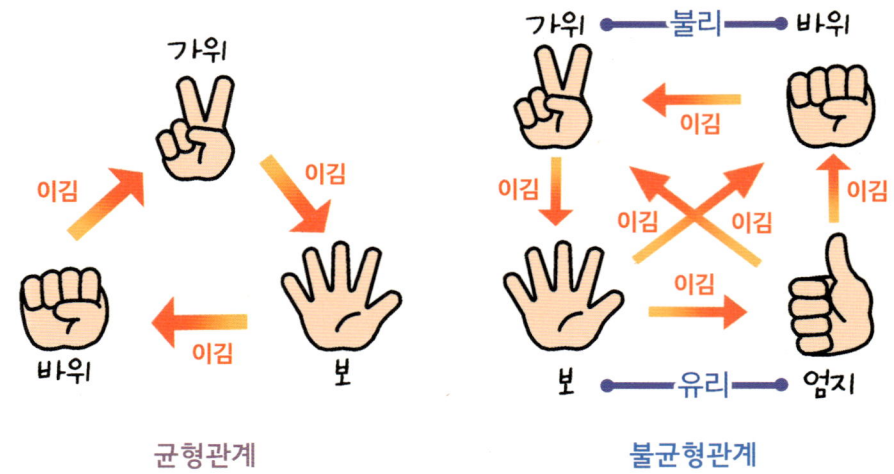

에도 엄지라는 또 하나의 선택지가 있다면 어떻게 될까요? 그러면 서로 물고 물리는 관계의 균형이 무너지게 됩니다. 즉, 네 가지의 선택지를 가지게 되면 분명 어느 하나 또는 두 가지가 더 유리한 상황이 되어 승리 확률이 동등하지 않게 됩니다.

반면에 가위바위보는 세 가지이기 때문에 가위, 바위, 보는 각각 1/3의 균등한 승리 확률을 가지고 있습니다. 따라서 가위바위보는 공정하게 승부를 내는 방법입니다. 이는 가위, 바위, 보의 세 가지 선택지가 서로 물고 물리는 균형 관계를 형성하고 있기 때문에 공정한 게임이 가능한 것입니다. 모든 사람이 가위를 내거나 바위를 내거나 보를 낼 때 어떠한 것을 내더라도 이기거나 비기거나 지는 가능성이 똑같으므로 공정한 게임이 이루어집니다.

결국 숫자 3의 이치와 원리 덕분에 우리는 효율성을 추구하면서도 균형감과 안정감을 갖춘 일상의 물건을 개발하여 사용할 수 있습니다. 또 순서를 정하거나 승부를 겨루기 애매한 상황에서는 모두 그 결과에 납득할 수 있는 공정한 게임을 할 수 있기 때문에 일을 원활하게 진행할 수 있지요.

숫자 3이 주는 밝고 지혜로워지는 메시지

일상의 물건들이 균형감과 안정감을 가질 수 있고, 세 나라가 힘의 균형을 이룰 수 있으며, 가위바위보가 공정할 수 있는 것도 숫자 3 덕분이지요. 숫자 3을 통해 균형감과 안정감, 그리고 공정함의 이치를 깨우치게 됩니다.

밝고 지혜로워지는 수학 이야기

열린 마음과 너그러움

24제 **열린 마음의 중요성, '차원'**
25제 **여유롭고 넉넉한 마음, '부등식과 범위'**
26제 **우리는 하나, '집합'**

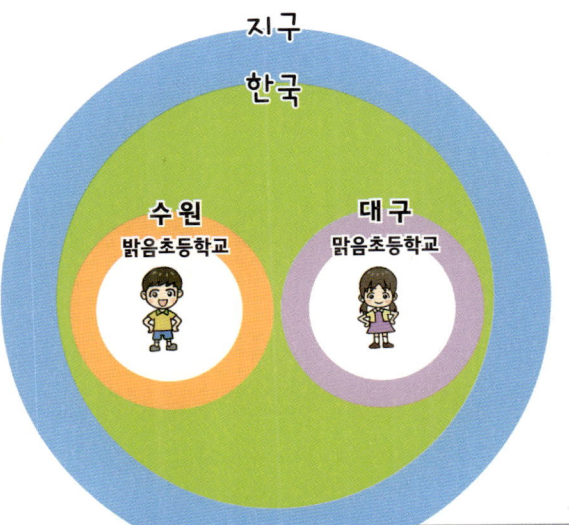

24제

열린 마음의 중요성, '차원'

- 우리가 사는 세상이 2차원이라면 무슨 일이 일어날까?
- 4차원 이상의 세계가 실제로 존재할까?

흔히 '4차원스럽다'라고 말하는 경우가 있습니다. 우리가 살고 있는 세상이 3차원인데 4차원이라는 것은 지금 있는 차원을 뛰어넘는다는 의미로, 생각이나 행동이 독특하고 엉뚱해서 이해가 잘되지 않을 때 비유적으로 표현하는 말입니다.

> **수학의 차원 :** 차원은 공간에 있는 점의 위치를 표시하는 데 필요한 축의 개수 또는 좌표의 수를 말함

그렇다면 실제로 우리가 살고 있는 3차원 세계 외에 다른 차원의 세계도 존재할까요? 먼저, 차원의 뜻부터 살펴보겠습니다. 차원은 공간에 있는 점의 위치를 표시하는 데 필요한 축의 개수 또는 좌표의 수를 말합니다. 구체적인 예를 들어 설명하면, 만약 어떤 공간에서 내 위치를 점으로 표시하기 위해 선(축)이나 숫자가 하나만 있어도 된다면, 이는 1차원 공간을 의미합니다. 대표적으로 기찻길을 예로 들 수 있겠습니다. 서울에서 부산까지 하나의 노선으로만 되어 있는 기찻길의 각

24제 열린 마음의 중요성, '차원'

역의 위치를 숫자 하나(예 서울역에서의 거리)만으로 표현할 수 있습니다. 결국 1차원 공간이라는 것은 선으로만 이루어진 세계를 말합니다.

그런데 A4 용지 위에 점을 찍고 그 위치를 표시하려면 몇 개의 축과 몇 개의 숫자가 필요할까요? 2개의 축(가로축, 세로축)과 2개의 숫자(순서쌍)가 있으면 A4 용지 위의 어떤 점이든지 그 위치를 나타낼 수 있습니다.

놀라운 점은 1차원 공간에서는 오직 길이밖에 존재하지 않고 넓이나 부피는 상상도 할 수 없다는 것입니다. 기차의 선로를 벗어난 세상은 존재하지 않는 것이지요. 이와 마찬가지로 2차원 공간도 A4 용지 위의 점들은 그 종이를 절대 벗어날 수 없어서 오직 길이와 넓이만 존재하고 공중에 뜬다는 생각을 할 수 없습니다. 2차

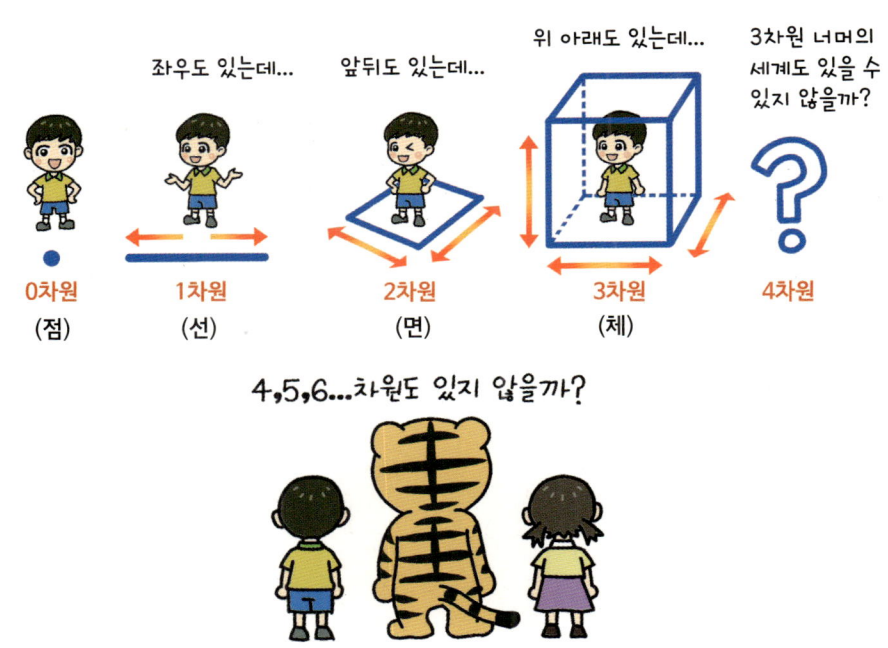

원 공간은 평면이 전부인 세계이며 높이가 존재하지 않기 때문에 결국 2차원 세계에서는 부피의 개념은 절대 있을 수 없지요.

그렇다면 우리가 사는 3차원 세계는 어떨까요? 길이, 넓이, 부피와 같이 앞뒤, 좌우, 상하가 모두 존재하는 것이 3차원이며, 3차원상의 위치는 3개의 축과 숫자 3개로 된 순서쌍으로 위치를 나타낼 수 있습니다. 그런데 이러한 3차원을 넘어서는 세계는 없을까요? (여기서는 공간상의 차원만을 다루고 시간의 축은 고려하지 않도록 하겠습니다.)

4차원과 5차원의 세계는 상상하기도 어렵지만 앞서 이야기한 1차원과 2차원의 세계를 본다면 충분히 가능한 일일지도 모릅니다. 1차원의 세계에서는 2차원의 세계를 상상할 수 없지만 2차원의 세계가 실제로 존재합니다. 또 2차원의 세계에서는 3차원의 세계를 상상할 수는 없지만 실제로 3차원의 세계가 존재합니다. 이처럼 우리가 상상할 수 없는 3차원 이상의 세계인 4차원, 그리고 그 이상의 차원도 실제로 존재할 수 있음을 수학의 차원 개념이 이야기해 주고 있는 것은 아닐까요?

결국 우리는 차원이라는 개념을 배우며 내가 인식하고 있는 것이 전부가 아니며, 그래서 좀 더 활짝 열린 마음이 중요함을 깨닫게 됩니다. 이러한 열린 마음으로 주변과 세상을 바라본다면, 자신의 생각만 옳다고 여기는 것이 아니라 나와 다른 생각도 인정하고 존중하며 배려하면서, 같이 함께 더불어 세상을 조화롭게 살아갈 수 있을 것입니다.

차원이 주는 밝고 지혜로워지는 메시지

차원을 배우며 내가 인식하고 있는 것이 전부가 아님을 깨우치게 됩니다. 이를 통해 좀 더 활짝 열린 마음으로 주변과 세상을 바라볼 수 있는 마음과 용기가 생기는 시간이 되시기를 바랍니다.

| 25제 |

여유롭고 넉넉한 마음,
'부등식과 범위'

- 정확해야 할 때와 범위 안에만 들어와도 될 때, 어느 상황에서 마음이 더 편할까?
- 이상, 이하, 초과, 미만과 같은 범위가 있어 좋은 점은 무엇일까?

　정확하게 측정하고, 정확한 값을 아는 것이 중요할 때도 있지만, 때로는 정확한 하나의 값이 아닌 범위로 표현하는 것이 더욱 적절한 경우도 있습니다. 길을 가다 보면 아래 사진과 같은 도로 표지판을 본 적이 있지요?

▲ 속도 제한 도로의 표지판

　보통 어린이 보호구역(스쿨존)에서 적용되며 차량을 30km 이하 속력으로 운행하라는 표지판입니다. 시속 30km로만 달리라는 뜻은 아니고, 시속 30km를 넘지 않는 속력(30km, 29km, 28km, …)은 모두 가능하다는 의미이며, 시속 31km, 32km, …로 달리면 안 된다는 의미입니다. 이처럼 답이 하나의 값이 아닌 여러 개의 값이 존재할 때, 우리는 이를 범위로 나타냅니다. 예를 들어, 차량의 제한 속도를 부등호를 이용해 표기하면 $x \leq 30$이라는 부등식으로 표현할 수 있습니다. 이 밖에도 무게의 범위에 따라 과일을 특대, 대, 중, 소로 분류하든지, TV 프로그램이나 영화에서 시청할 수 있는 연령대를 표기할 때도 19세 이상, 15세 이상 관람가 등의 범위를 사용합니다. 또 놀이공원에 가면 안전을 위해 키가 140㎝ 이상이 되어야 탑승할 수 있는 놀이기구도 있는데, 이것도 탑승 가능한 조건이 범위로 주어져 있는 경우입니다. 일기예보에서 "시간당 강수량이 50mm 이상이 될 것이다."라는 표현은 비의 양이 50mm를 포함하여 그 이상의 모든 경우를 의미합니다.

이처럼 세상에서 일어나는 수많은 현상은 답이 하나만 존재하지 않고, 경계를 기준으로 이상(또는 초과)이나 이하(또는 미만) 또는, 경계와 경계 사이라는 범위로 존재할 때가 많습니다. 이때 활용되는 부등식과 범위를 일상에 적용하면 어떤 의미가 있을까요?

일상생활에서 정확하게 측정하고 정확한 값을 아는 것이 중요할 때도 있지만, 그런 부분이 부담으로 다가올 때도 많습니다. 반드시 100점을 맞아야 하고 한 치의 오차 없이 정확히 계산 또는 측정해야 하는 상황에서는 좀 더 긴장되고 부담감을 느끼게 됩니다. 하지만 허용 가능한 범위 내에서 다양한 값이 인정된다면 훨씬 부담감이 줄어들 것입니다. 이런 유연성을 제공하는 수학 개념이 바로 부등식과 범위입니다.

25제 여유롭고 넉넉한 마음, '부등식과 범위'

부등식 : 크고 작은 관계를 ≤, ≥, >, < 로 나타낸 것

앞서 언급한 바와 같이 부등식과 범위는 두 가지 모두 어떤 하나의 값이 아닌 여러 개의 값이 될 수 있을 때 사용되는 방법입니다. 예를 들어 80점 이상이라고 표현하게 되면 80점부터 81점, 82점, … 그 이상의 점수만 되어도 모두 괜찮다는 의미입니다. 이처럼 하나의 값이 아닌 여러 개의 값이 모두 가능한 상황이라면, 우리의 마음은 좀 더 넉넉하고 편안해질 것입니다.

예를 들어 약속 시각을 정할 때 "4시에 만나자."라고 말하기보다는 "4시부터 4

시 반 사이에 만나자."라고 말하면 각자의 일정에 맞게 유연하게 시간을 정할 수 있게 되며 서로 오는 과정에서 생기는 여러 변수, 즉 차가 막힌다든지, 주차하는 데 시간이 걸린다든지 등의 일이 발생해도 좀 더 편한 마음으로 약속 장소에 도착할 수 있을 것입니다. 또 생활비를 정할 때 교통비는 20~30만 원 정도로 사용하자고 정한다면 반드시 얼마를 써야 한다고 생각할 때보다는 좀 더 편한 마음으로 융통성을 발휘하며 소비할 수 있을 것입니다.

목표를 정할 때도 마찬가지입니다. 운동 목표를 정할 때 '매일 1시간씩 운동'이라고 정할 때보다 '일주일에 두세 번, 1회에 20~30분'이라고 정하면 덜 부담스러운 마음으로 더 유연하게 실천할 수 있을 것입니다. 학업 목표를 정할 때도 스스로 '반드시 100점을 맞아야 해.'라고 생각할 때보다는 '80점 이상을 목표로 해 보자.'라고 다짐하는 것이 잘하려는 마음과 잘해내야 한다는 부담감은 줄이며 좀 더 실행 가능할 것이라는 마음으로 실천할 수 있게 될 것입니다.

마치 부등식과 범위처럼 유연하고 넉넉한 마음으로 살아간다면 자신을 좀 더 사랑하고 주변을 좀 더 인정하고 존중하며 배려할 수 있지 않을까요?

부등식과 범위가 주는 밝고 지혜로워지는 메시지

부등식과 범위 개념을 적용하면 때로는 정확하거나 완벽하지 않아도 '어느 이상이면 충분히 괜찮다'는 마음으로 자신과 상대방을 인정하고 존중하며 배려할 수 있을 것입니다. 여유와 넉넉함을 담고 있는 수학 개념이 바로 부등식과 범위입니다.

26제

우리는 하나, '집합'

- 모임과 집합의 차이는 무엇일까?
- 집합이 있으면 좋은 점은 무엇일까?

집합은 일종의 모임이라고 할 수 있는데요. 수학 시간에 집합이라는 말을 한 번쯤은 들어 보았을 것입니다. 수학에서의 집합은 일반적인 모임보다는 객관적이고 명확한 기준과 원칙을 가지고 있습니다.

> **집합** : 어떤 조건에 의해 그 대상을 분명하게 정할 수 있을 때 그 대상들의 모임

예를 들어 한 가지 기준을 세워 여러 음식을 분류하려고 할 때 '맛있는 음식'을 기준으로 하여 분류한다면 어떤 음식들이 맛있는 음식에 속할까요? 내가 맛있다고 생각하는 음식을 다른 사람은 맛이 없다고 생각할 수도 있듯이, 맛은 주관적인 경험에 따른 것으로 사람마다 맛있는 음식이라고 분류하는 기준이 조금씩 다를 것입니다. 반면 '버섯이 들어간 음식'이라는 객관적인 기준으로 분류하게 되면, 더욱 정확하고 명확하게 해당 음식들을 선정하여 누구나 납득하는 하나의 집합으로 묶을 수 있을 것입니다.

또 집합을 하나의 단위로 사용하면 표현을 간단하게 할 수 있습니다. 연필, 지우개, 볼펜, 노트 등과 같이 일일이 쓰지 않고 그냥 '문구류'라고 하나의 집합 단위로 표현하면, 물건이나 종류가 많아 복잡한 경우에도 간단하고 간결하며 단순하게 표현할 수 있습니다. 다시 말해 집합이 하나의 단위가 되면 통합된 단위인 집합들을 가지고 분류하기가 좀 더 용이해집니다. 이와 마찬가지로, 개인이 쇼핑 목록을 작성할 때 같은 특성을 가진 품목들을 묶어 정리하면, 목록을 좀 더 체계적이고 직관적으로 작성할 수 있습니다. 또 휴대폰에서 연락처를 저장할 때도 집합별로 명단을 정리해 두면, 나중에 연락처를 찾을 때도 해당 집합 내에서 바로 찾을 수 있게 되며, 집합별로 단체 문자를 전송할 때도 편리해집니다. 결국 집합은 객관적인 기준을 바탕으로 체계적이고 효율적으로 대상을 구분 짓고 관리해 주며, 집합 자체가 하나의 큰 단위가 되어 보다 큰 안목으로 바라볼 수 있게 해 줍니다.

집합이라는 수학 개념은 우리 삶에 어떤 의미가 있을까요? 이러한 집합의 의미를 가지고 일상을 바라보면, 때때로 자신만의 주관적인 기준으로 무리를 짓고 집합을 만들어 살아가고 있는 것은 아닌지 돌아보게 됩니다. 예를 들어 어떤 구성원이 마음에 들지 않거나 스타일이 다르다는 이유로 소외 또는 배척하는 모임이 있다면, 이는 객관적 기준이 아닌 선입견, 편견 등과 같은 주관적인 기준에 의한 판단일 것입니다. 이와 같이 주관적인 기준으로 다른 구성원을 소외 또는 배척하는 모임은 수학적인 관점에서는 객관적 기준에 입각한 집합으로 보기 어렵고, 모든 구성원의 공감을 받기가 어려우며, 결국엔 자신과 주변의 조화를 해칠 수도 있습니다.

그렇다면 집합을 통해 자신과 주변을 좀 더 객관적이고 넓은 안목으로 밝고 지혜롭게 바라보면 어떨까요? 주관적인 기준으로 서로의 차이를 구분 짓는 데에 집중하기보다는, 다름을 있는 그대로 인정하면서도 서로의 객관적인 공통점에도 주목하는 것이지요. 예를 들어 학교에서 다른 친구와 서로 의견이 맞지 않거나 다툼이 좀 생기더라도 그 친구는 나와 다르므로 다른 집합의 소속이라고 생각하기보다는, 같은 반 구성원이며 더 나아가 우리는 모두 ○○학교 학생이라는 객관적이면서도 더 큰 범주에서 바라보면 좋겠습니다. 그리하면 서로 같은 집합의 구성원임을 인식하고 우리는 하나라는 소속감이 형성되어, 서로의 다름은 인정하되 같은 점에 좀 더 집중하여 함께할 수 있을 것입니다.

집합을 표현하는 방식 중의 하나인 벤다이어그램으로 그려 보면 보다 이해하기가 수월해질 것입니다. 예를 들어 ○○는 밝음 초등학교 집합의 구성 원소이면서 동시에 수원에 사는 수원 시민의 집합에 포함되고, 대한민국 국민의 집합에 포함되며, 지구인의 집합에 포함됨을 한눈에 볼 수 있습니다. 대구에 사는 내 친구는 어떤가요? 처음에는 초등학교도 다르고 사는 지역도 달라서 같은 집합의 구성원이 아닌 것 같지만, 범위를 점점 넓혀 보면 내 친구도 나와 마찬가지로 대한민국 사람이며 지구인이라는 큰 집합 안에 포함된 구성원임을 한눈에 알 수 있습니다. 이렇게 내 주위 사람들의 포함 관계를 점점 넓혀 나가면 궁극에는 우리가 모두 포함되는 크고 넓은 하나의 집합이 만들어짐을 알 수 있습니다.

결국 수학의 '집합'을 통해 자기중심적인 시야를 좀 더 넓히며 '같지만 다르고 다르지만 같은 우리는 모두 하나'임을 새삼 일깨우게 됩니다. 수학의 집합을 통해 우리가 모두 하나의 집합 안의 구성원으로서 함께하고 있음을 인식하게 되는데요. 그리하여 한 하늘 아래 한 가족이라는 소속감을 느낄 수 있다면, 우리는 모두

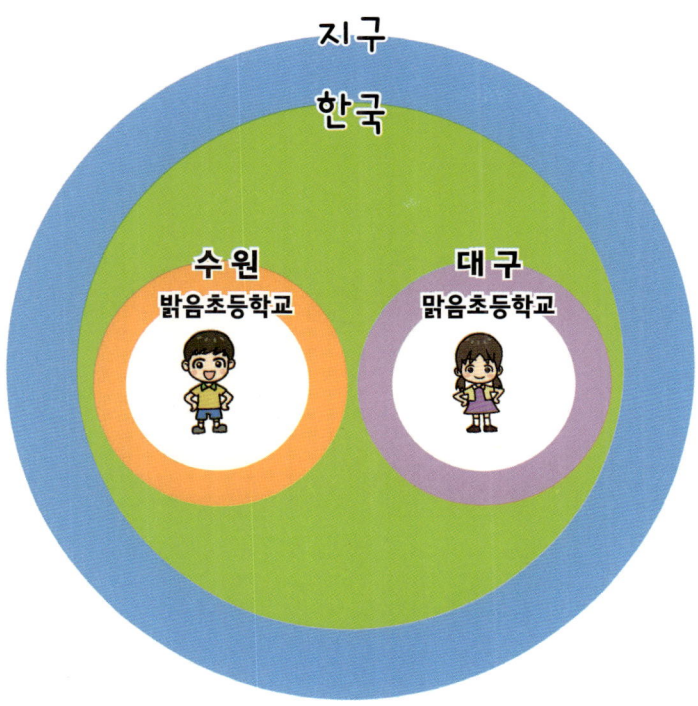

하나라는 마음으로 좀 더 조화롭게 같이 함께 더불어 하며 살아가는 것이 더욱 자연스럽지 않을까요?

집합이 주는 밝고 지혜로워지는 메시지

우리는 모두 서로 다르고 때로는 각자 따로따로 살아가고 있는 것처럼 보이지만, 집합으로 보니 하나의 큰 집합 안의 구성원으로서 함께하고 있음을 인식하게 됩니다. 수학의 집합을 통해 우리는 모두 한 하늘 아래 한 가족이라는 소속감을 가지고 조화롭게 어울려 살아가면 참 좋겠습니다.

밝고 지혜로워지는 수학 이야기

희망과 용기

27제 **희망과 긍정의 마음과 마음가짐, '가능성과 확률 1'**
28제 **할 수 있다! 하면 된다! 될 때까지 한다!
'가능성과 확률 2'**
29제 **새롭게 시작할 수 있는 힘, '주기'**
30제 **꿈을 이루기 위한 밝은 습관, '수와 사칙연산 2'**

새로운 마음으로
하루를 시작해
볼까?

27제

희망과 긍정의 마음과 마음가짐, '가능성과 확률 1'

- 확률은 왜 생겨났을까?
- 확률을 지혜롭게 바라보려면?

미래는 알 수 없기에, 내일 비가 내릴지, 시험에 합격할지 등 앞으로 벌어질 일들에 대해 궁금해하는 마음은 누구나 갖게 마련인데요. 미래에 어떤 일이 일어날 가능성이 얼마나 되는지를 정확하게는 알 수 없더라도 좀 더 근접하여 가늠하기를 바라는 마음에서 나온 개념이 바로 수학의 '확률'입니다. 간단히 말하면 확률은 일어날 가능성의 정도가 얼마나 되는지를 수치를 통해 더욱 정확하게 알고자 하여 나온 개념입니다.

> **수학의 확률 : 하나의 사건이 일어날 수 있는 가능성을 수로 나타낸 것**

예를 들어 내일 비가 올 가능성을 가장 간단하게 말하면, '비가 오거나 안 오거나'의 두 가지 경우로 나눌 수 있습니다. 그러나 확률로 표현하면 그 가능성을 0과 100 사이의 수치인 백분율로 표현할 수 있습니다(0과 1 사이의 수로도 표현 가능). 다시 말해 어떤 일이 무조건 일어날 확률이 100이고 절대 일어나지 않을 확률이 0이라면 일어날 가능성의 정도는 0과 100 사이의 수로 표현되고, 큰 수일수록 일어날 가능성이 높음을 의미합니다. 좀 더 구체적으로 살펴보면, 내일 비가 올 확률이 80%라는 의미는, 내일과 같은 하루가 100번 정도 있다면 그중 80번 정도는 비가 온다는 것을 의미합니다. 따라서 80%의 확률이면 내일 비가 올 가능성이 꽤 높을 것으로 추정할 수 있습니다.

이처럼 앞으로 일어날 일을 확률이라는 수로 표현하게 되면 어떤 점이 좋을까요? "오후에 비가 올 것 같은데요." 또는 "오후에 비가 안 올 것 같은데요."라고 말하는 것보다는, "오후에 비가 올 확률이 80% 정도 될 것 같은데요."라고 구체적인 수치를 들어 미래를 예측하면 좀 더 정확한 예측을 바탕으로 미리 준비하고 대비할 수 있습니다. 그리고 그에 따른 선택도 보다 합리적이고 수월해질 것입니다. 다시 말해 비가 올 확률이 50%라면 외출할 때 우산을 가져가느냐 또는 가져가지 않느냐를 고민하겠지만, 비가 올 확률이 80%라면 사람들은 대부분 외출할 때 우산을 챙겨 나가려고 할 것입니다.

확률은 수학적 또는 경험적 데이터를 바탕으로 앞으로 일어날 일의 가능성을 객관적인 수로 표현하여 미래를 준비하고 대비하며 더욱 나은 선택을 할 수 있게 해 줍니다. 그런데 우리는 이 확률을 그 숫자 그대로, 객관적으로 인식하고 있을까요?

그렇지 못한 대표적인 예가 바로 복권인데요. 사람들이 복권을 구매할 때는 복권 당첨 확률이 굉장히 낮음에도(로또 당첨 확률의 경우 8,145,060분의 1), 1등 당첨이 나에게도 일어날 수 있다는 자기 편향적인 사고에 빠져, 자신에게 일어날 당첨 확률을 객관적 수치보다 훨씬 더 크게 생각하게 됩니다. 그래서 실제 일어날 확률

보다 자신이 당첨될 확률을 더욱 높게 예상하며 복권을 사는 것이지요. 이러한 사고는 객관적으로 확률을 바라보기보다는 주관적인 마음이 개입되어 발생하게 됩니다. 반면 사람들이 1등에 당첨될 가능성이 매우 낮다는 사실을 확률을 통해 객관적으로 인식하게 된다면, 지금보다는 복권을 덜 구매하려 할 것입니다. 결국 확률은 우리가 좀 더 어떤 일이 일어날 가능성을 객관적으로 바라보고 판단, 선택, 결정할 수 있게 해 줍니다.

하지만 확률의 특징을 좀 더 살펴보면, 확률은 가능성의 정도를 0과 100 (또는 0과 1) 사이로 나타낸 값일 뿐, 그 자체가 미래를 정확하게 얘기해 주는 것은 아닙니다. 다시 말해 확률이 0만 아니면 아무리 작은 값이라도 희박하지만 일어날 가능성이 존재하고, 반면에 확률이 100%가 아니라면 99.9%라고 할지라도 일어나지 않을 가능성이 존재하는 것입니다. 즉 아무리 낮은 확률이라도 일어날 가능성이 있고, 아무리 높은 확률이라도 일어나지 않을 가능성이 있는 것입니다.

이러한 확률의 의미를 절실하게 깨닫게 해 준 사건이 있었는데, 바로 2011년 일본의 대지진과 해일 때문에 발생했던 후쿠시마 원전 사고입니다. 사실 이 사고는 충분히 막을 수 있는 사고였습니다. 실제로 사고 원인을 분석한 결과, 원전을 건설할 때 10m 이상의 쓰나미가 닥칠 확률이 1% 정도라는 예측이 있었음에도 불구하고, 이는 매우 희박한 확률이라고 간주하여 안일하게 대처한 끝에, 원자로 냉각에 필요한 바닷물을 쉽게 끌어오기 위해 해발 10m 위치에 원전을 건설했던 것이 큰 화근이 되었던 것입니다. 결국 "설마 일어나겠어?"라는 주관적이고 안일한 생각을 바탕으로 비용을 절감하는 쪽에 비중을 두어 원전을 건설하게 되었고, 실제 10m 이상의 쓰나미가 밀려와 역사상 전무후무한 대참사가 일어난 것이지요. 이를 통해 확률을 바라보는 안목과 지혜가 매우 중요함을 후쿠시마 원전 사고를 통해 일깨우게 됩니다.

그렇다면 확률을 어떻게 바라보는 것이 지혜로운 것일까요? 예를 들어 면접을 보러 가려고 하는데 지원자가 약 1,000명이고, 채용 인원은 총 3명이라고 가정해 보겠습니다. 그렇다면 합격할 확률은 1,000명 중에서 3명이므로 0.3%인데, 숫자에 집중하면 합격 확률이 매우 낮아 도전이 망설여질 것으로 보입니다. 그래서 지원하려고 했던 어떤 사람은 '내가 될 가능성이 0.3%밖에 안 되는구나. 안 되겠다, 포기하자.'라고 생각할 것입니다. 그런데 어느 누군가는 '1,000명 중 3명 안에 내가 들어갈 수도 있잖아. 도전해 봐야지.'라고 생각할 수도 있습니다.

경쟁률 1,000:3

또 다른 확률의 예로 완치율을 살펴보겠습니다. 병원에서 환자가 어떤 병에 대해 진단을 받는데 완치될 확률이 5%라는 말을 듣는 상황이라고 가정해 보겠습니다. 이 상황에서 어떤 환자는 크게 좌절하여 인생을 포기하고자 할 수 있을 것입니다. 반면에 어떤 환자는 5%의 확률이 일어날 가능성에 집중하여 5%의 기적을 이루기 위해 부단히 노력하는 데 집중할 수도 있을 것입니다.

이처럼 확률은 숫자를 통해 미래에 일어날 가능성의 정도를 더욱 잘 예측할 수 있도록 도와주는 수학 개념입니다. 하지만 확률 자체가 미래를 결정짓는 것이 아니라는 사실을 잘 인식한다면, 이제부터는 우리가 어떤 마음과 마음가짐을 가지느냐가 관건이 됩니다. 희망과 긍정의 마음을 가지고 있다면, 내가 도전하고 이루어 내고자 하는 일이 비록 매우 어렵게 느껴지더라도, 낮은 성공 확률이라는 숫자에 압도되어 움츠러들거나 포기하지 않고, 꿈·희망·긍정·열정으로 아무리 낮은 확률이라도 일어날 개연성이 있음에 집중하여 노력할 수 있게 됩니다.

반면에 안전에 관한 사항이라면 '아무리 조심해도 지나치지 않다'는 마음가짐으로 확률을 바라보면 참 좋을 것 같습니다. 그리하면 앞에서 언급한 후쿠시마 원

자력 발전소 사고를 교훈 삼아, 아무리 낮은 확률이라 하더라도 일어날 수 있는 개연성이 충분히 있음을 인식하여, 방심하지 않고 더욱 꼼꼼하고 철저하게 준비하고 대비하는 데 집중할 수 있게 될 것입니다.

결국 확률 개념을 명확하게 인식하고 이를 바탕으로 희망과 긍정의 마음을 가지고 사안을 있는 그대로 직시하는 자세로 함께한다면, 우리는 확률 개념을 이용해 더욱 밝은 미래를 열어갈 수 있을 것입니다. 이것이 확률 개념을 더욱 지혜롭게 바라보는 관점이 아닐까요?

가능성과 확률이 주는 밝고 지혜로워지는 메시지

아무리 낮은 확률이라도 일어날 수 있기 때문에 성공 확률이라는 숫자에 압도되어 움츠러들거나 포기하지 않고 꿈·희망·긍정·열정을 가슴에 품고 도전하며, 안전과 관련해서는 아무리 낮은 확률이라도 혹여 일어날 수도 있기 때문에 철저히 준비하고 대비하는 것이, 바로 확률 개념을 지혜롭게 바라보고 살아가는 것이 아닐까요.

28제

할 수 있다! 하면 된다! 될 때까지 한다!
'가능성과 확률 2'

- 꿈을 이룰 가능성은 얼마나 될까?
- 꾸준히 노력하면 정말 꿈을 이룰 수 있을까?

이전 주제에 이어서 자신이 원하는 바를 이루고자 한다면 확률을 어떻게 바라보면 좋을지에 관해 이야기해 보겠습니다. 예를 들어 양궁에서 과녁에 화살을 쏘아서 한가운데를 맞추기는 정말 어려운데, 얼마나 어려운지를 수학의 확률로 구해 보겠습니다.

▲ 양궁 모습

▲ 양궁의 과녁

양궁의 과녁 한가운데를 맞출 확률이 100분의 1이라고 가정하면, 한 번 시도할 때 가운데에 딱 꽂힐 확률은 1%이겠지요. 그러면 한 번 화살을 쏘았을 때 안

맞을 확률은 얼마일까요? 맞을 확률이 100분의 1이므로 안 맞을 확률은, 전체 1에서 100분의 1을 뺀 100분의 99가 됩니다. 결국 실패할 확률이 훨씬 높지요. 확률이 100분의 99라면 거의 실패한다고 보더라도 무방할 것입니다. 그런데 10번 시도했을 때 한 번이라도 성공할 확률은, 전체 1에서 10번 다 실패할 확률을 빼면 됩니다. 실패할 확률이 연달아 10번 쭉 일어나는 것만 아니면 어쨌든 10번 중에 한 번은 10점짜리 과녁에 꽂히는 것이므로, 이를 계산식으로 정리하면 1 빼기 100분의 99의 10 제곱이 됩니다. 실제 계산 결과는 약 0.0956으로 백분율로 나타내면 약 9.6%가 됩니다. 그러므로 결국 10번 중에 한 번이라도 맞을 확률은 9.6%로 올라가는 것입니다.

$$1 - \left(\frac{99}{100}\right)^{10} = 9.6\%$$

이를 정리하면 딱 한 번의 시도로 화살을 쏘아서 정확하게 10점짜리를 맞출 확률은 100분의 1, 즉 1%이지만 10번을 쏘아서 그냥 단 한 번이라도 10점짜리를 맞출 확률은 9.6%로 올라가게 된다는 의미입니다.

이러한 방식으로 시도 횟수를 늘리면 놀라운 일이 일어납니다. 어떤 사람이 과녁 10점짜리에 한 번이라도 쏘는 것이 소원이라는 목표를 세웠습니다. 이 사람이 단지 한 번만 시도하면 과녁 10점짜리에 거의 쏘지 못할 것입니다. 성공 확률이 100분의 1밖에 안 되므로 엉뚱한 곳에 맞을 가능성이 매우 높습니다. 그런데 화살 10개를 가지고 10번을 시도하면 10번 중에 한 번이라도 맞을 확률은 9.6%로 늘어납니다. 그다음에 또 100번을 시도하면 어떻게 될까요?

28제 할 수 있다! 하면 된다! 될 때까지 한다! '가능성과 확률 2'

　화살을 100번 시도하여 쏘았을 때 적어도 한 번은 맞을 확률은 63.4%로 올라가게 됩니다. 그 이상을 시도하면 어떻게 될까요? 좀 더 알아보면 300번을 쏘면 적어도 한 번 맞을 확률은 95.1%로 올라가고, 500번을 시도하면 적어도 한 번 맞을 확률은 99.3%가 됩니다. 그리고 1,000번을 시도하면 거의 100%가 됩니다. 이를 정리하면 내가 아무리 양궁을 못하더라도 1,000번을 시도하면 적어도 한 번 맞을 수 있는 확률이 거의 100%가 된다는 의미가 됩니다.

결국 성공 확률을 높이는 방법은 바로, 될 때까지 꾸준히 시도하고 다시 시도하는 데에 있습니다. 이러한 사실을 알았다면 이제부터는 아무리 낮은 확률이라도 좌절하지 않고 도전하고자 하는 마음을 내어 시도해 보는 것은 어떨까요? 이러한 확률의 이치와 원리가 우리에게 '할 수 있다! 하면 된다! 될 때까지 한다!'는 메시지를 전해주고 있으니까요.

가능성과 확률이 주는 밝고 지혜로워지는 메시지

어려워 보이더라도 시도하고 다시 시도하면 결국에는 될 수 있다는 것을 수학의 확률의 이치와 원리를 통해 알 수 있습니다. 이제부터 아무리 낮은 확률이라도 자신의 꿈을 이루고자 도전해 보면 어떨까요? '할 수 있고, 하면 된다!'는 마음으로 될 때까지 한다면 반드시 원하는 꿈을 이룰 수 있을 거예요.

29제

새롭게 시작할 수 있는 힘, '주기'

- 주기와 반복의 차이는 무엇일까?
- 주기를 알면 어떤 점이 좋을까?

'주기'와 '반복'의 공통점은 동일한 행동이나 사건이 여러 번 일어난다는 점인데요. 그렇다면 둘의 차이점은 무엇일까요? 반복은 단순히 어떤 일이 여러 번 일어나는 것을 의미하는 반면, 주기는 일정한 간격 또는 시간에 걸쳐 어떤 현상이 반복될 때, 그 시간 또는 간격을 의미합니다.

> 주기 : 일정한 간격이나 시간 동안 어떤 현상이 반복될 때 그 반복되는 현상의 한마디를 말함

우리는 일상생활 속에서 다양한 주기를 찾아볼 수 있는데요. 매일 아침 정확한 시간에 울리는 알람은 매일 같은 간격으로 반복되는 주기의 예입니다. 24시간마다 반복되는 하루도 주기이고, 7일마다 반복되는 일주일도 주기입니다. 그리고 봄, 여름, 가을, 겨울의 사계절이 해마다 반복되는 것도 주기이며, 해마다 같은 날 찾아오는 생일과 각종 기념일도 1년마다 반복되는 주기라고 할 수 있습니다. 이

밖에 용띠, 돼지띠 등 12간지는 12년마다 반복되는 주기이고, 월드컵과 올림픽은 4년 주기로 열리며, 우리나라 국회의원 선거는 4년 주기, 대통령 선거는 5년 주기로 치러지는 주기의 예입니다. 지구는 하루를 간격으로 스스로 한 바퀴씩 회전하는 자전주기를 가지고 있으며, 태양 주위를 1년에 한 바퀴씩 도는 공전주기를 가지고 있습니다.

이처럼 주기는 우리의 삶 속 곳곳에 자리 잡고 있습니다. 그런데 주기를 알면 어떤 점이 좋을까요? 주기는 일정한 간격마다 반복되는 규칙으로, 이를 알면 다음에 다시 일어나는 시점을 미리 알 수 있게 됩니다. 예를 들어 시험 보는 주기가 정해져 있음을 안다면, 미리 다음 시험을 언제부터 어떻게 준비할지를 계획하여 차근차근 준비할 수 있게 됩니다.

또 시험을 잘못 보았더라도 정기적으로 다음 시험이 다가온다면 다시 새로운 마음으로 의지를 내어 도전하고자 하는 용기가 생기게 됩니다. 또한, 생존의 문제와 관련해서 지진이나 화산과 같은 자연재해의 주기를 알면 여유를 가지고 미리 준비하고 대비하여 큰 피해를 막을 수 있게 될 것입니다.

결국 같은 간격으로 반복된다는 것은 우리에게 새롭게 시작할 기회가 다시 주어진다는 의미가 내포되어 있습니다. 어제 하루는 힘들었지만 오늘은 새로운 마음으로 시작할 수 있고, 작년에는 어려움이 많았지만 올해는 좀 더 잘될 것이라는 긍정적인 마음으로 다시 차근차근 도전할 수 있는 것은, 규칙적으로 새롭게 시작되는 다음 주기가 있기 때문이지요.

29제 새롭게 시작할 수 있는 힘, '주기'

이처럼 우리는 주기가 있어 늘 새로운 마음과 마음가짐으로 희망차게 하루, 한 주, 한 달, 그리고 한 해를 시작할 수 있게 됨에 새삼스레 감사한 마음이 일어납니다.

주기가 주는 밝고 지혜로워지는 메시지

매번 일정한 간격마다 반복되는 것이 때로는 지겨울 때도 있지만, 주기가 있기 때문에 어제의 힘겨움을 뒤로하고 오늘 하루를, 일주일을 새로운 마음으로 다시 시작할 수 있습니다. 주기를 통해 우리 모두 희망과 용기를 얻고, 다시 도전할 수 있는 힘을 내어 보면 좋겠습니다.

30제

꿈을 이루기 위한 밝은 습관,
'수와 사칙연산 2'

- 밝은 습관을 형성하려면 어떻게 해야 할까?
- 실천을 잘하려면 어떻게 해야 할까?

　'수와 사칙연산'은 이전에 다뤘던 것처럼 우리가 전달하고자 하는 정보를 정확하고 명확하게 표현할 수 있도록 도와줌으로써 우리의 자신감을 높여주고 상호 간의 신뢰를 형성하는 데 도움을 주는 수학 개념인데요. 그뿐만 아니라 수와 사칙연산은 밝은 습관을 만들어 나가는 데도 중요하게 활용될 수 있습니다. 다음의 학생 A와 학생 B의 계획을 비교해 봅시다.

학생 A : 내일부터 매일 운동해야지.
학생 B : 내일부터 매일 7시에 일어나서 10분간 스트레칭해야지.

학생 A와 학생 B 중에서 어떤 계획이 더 습관을 만들기가 쉬울까요?

　학생 A의 계획은 좀 더 여유를 가지고 유연하게 실천해 갈 수 있다는 장점이 있지만 아무래도 실천할 때 흐지부지될 가능성이 높습니다. 예를 들어 아침에는

'오후에 해야지.'라고 마음먹었다가 막상 오후가 되면 '저녁에 하면 되지 뭐.'라면서 자꾸 뒤로 미루게 될지도 모릅니다. 한마디로 실천 계획이 구체적이지 않으면 꾸준히 지속하기가 어려울 수 있습니다.

반면에 학생 B는 일어나야 할 시간을 숫자로 정확하게 명시하였고 스트레칭을 하는 시간도 10분으로 분명하게 제시하고 있어, 학생 B의 목표가 현실적이고 구체적이며 실질적이기 때문에 실천하기가 좀 더 쉬운 측면이 있습니다. 이처럼 수학의 '수'를 이용하게 되면 보다 명확하게 실천 계획을 정하게 되고 보다 구체적이고 실질적으로 목표를 세울 수 있어 실천하기가 용이합니다.

그런데 때로는 숫자를 너무 크게 잡아서 문제가 되는 경우도 있습니다. 예를 들어 '하루에 줄넘기 1,000번을 하기', '매일 산책을 2시간씩 하기'와 같이 목표(수)를 너무 크게 잡을 경우 이전에 줄넘기나 산책을 잘하지 않았던 사람이라면 더욱더 매일 실천하기가 어려울 것입니다. 오히려 목표가 너무 크고 거창할수록 아예 시도조차 하지 않게 되는 부작용이 발생하는 것이지요.

그래서 밝은 습관을 만들기 위해 한 가지 더 중요한 사항은 바로 작고 소소한 목표를 세우는 것입니다. 습관은 크고 거창하게 만들려고 하면 오히려 기존 습관에서 벗어나기가 더 어렵습니다. 앞서 말한 바와 같이 평소 운동을 거의 하지 않았던 사람이 내일부터 매일 운동을 3시간씩 하겠다고 목표를 세운다면 작심삼일로 끝날 가능성이 매우 높습니다. 매일 나의 컨디션과 외부 상황이 달라질 수 있기 때문에, 크고 거창한 목표일수록 꾸준히 실천하기가 어려워 습관을 형성하기가 더 어려울 테니까요.

그런데 아무리 작고 소소한 목표라도 꾸준히 실천하게 되면 시간이 지날수록 구체적인 실천이 쌓여서 모이고 응집되어 엄청난 결과를 가져오게 됨을 우리는 사칙연산을 통해 더욱 직관적으로 이해할 수 있습니다. 예를 들어 하루에 줄넘기를 10번만 실천하더라도 한 달을 30일이라고 했을 때 12달이면 무려 3,600회($10 \times 30 \times 12 = 3,600$)나 되는 것을 사칙연산을 통해 알 수 있습니다. 이처럼 구체적인 숫자로 살펴보니 그 효과가 더욱 크게 느껴집니다.

또 다른 예로, 양치할 때 컵에 물을 담아 사용하는 것이 얼마나 많은 물을 절약할 수 있을지 의문이 들 수 있지만, 컵을 사용해서 양치할 때와 그냥 수돗물을 틀어 놓고 양치할 때를 비교하면 1회 양치할 때마다 5리터씩 차이가 난다고 합니다.

5리터는 2리터짜리 생수병 하나를 기준으로 두 병 반이므로 결코 적은 양이 아닙니다. 게다가 4인 가족이 아침과 저녁으로 하루에 2회씩 양치를 한다면 40리터(5 × 2 × 4 = 40)가 되는데, 그것은 2L짜리 생수병 20개의 분량이 됩니다. 그런데 이러한 습관이 일주일 이상 지속되어 한 달 이상 쌓여서 모이고 응집되면 어떤 일이 일어날까요? 일주일이면 280(40 × 7 = 280)리터, 한 달이면 1,200(40 × 30 = 1,200)리터, 1년(365일)이면 무려 1만 4,600(40 × 365 = 14,600)리터가 됩니다. 구체적으로 계산하여 숫자로 살펴보니 작고 소소하지만 매일 실천하는 습관 하나가 얼마나 크나큰 가치를 발휘하는지 사칙연산을 통해 더욱 직관적으로 확인할 수 있게 됩니다.

또한 Scarborough와 그 동료들의 연구에 따르면 비건 식단을 꾸준히 하게 되면 하루 평균 온실가스 배출량이 2.89kg(이산화탄소 기준)으로, 육류 소비 식단(7.19kg)에 비해 온실가스 배출량을 절반 이상 낮출 수 있다고 합니다 (Scarborough et al., 2014). 하루에 4.3kg만큼 온실 가스 배출량이 줄어들면, 일주일이면 30.1(4.3×7=30.1)kg, 한 달이면 129(4.3×30=129)kg, 1년(365일)이면 무려 1,569.5(4.3×365=1,569.5)kg이 됩니다. 따라서 작고 소소한 실천이 꾸준히 쌓여서 모이고 응집되면 나의 건강뿐만 아니라 지구 환경 보호를 위한 하나의 커다란 성과를 이루어 낼 수 있음을 알 수 있습니다.

이를 통해 우리는 정말 쉽다고 생각되는 아주 작고 소소한 것부터 시작해도 이것이 한 달, 1년, 그리고 몇 년 동안 쌓이면 어마어마한 빛과 힘, 가치를 발휘할 수 있음을 보다 명확하게 인식할 수 있게 됩니다. 결국 작고 소소한 실천 하나가 자신과 주변 그리고 세상을 변하게 할 수 있음을 수와 사칙연산이 직관적이면서도 명쾌하게 이야기해 주고 있는 것입니다.

거듭제곱으로 커지는 경우도 마찬가지입니다. 하루 1%씩만 성장한다고 했을 때 수학의 사칙연산으로 더욱 직관적이고 명확하게 계산하면 1%라는 숫자가 작아 보이지만 하루에 꼬박꼬박 전날보다 1%씩 성장하는 것을 꾸준히 실천하면 1년이면 37.8배나 성장한 자신을 만날 수 있음을 확인할 수 있습니다.

$$\underbrace{1.01 \times 1.01 \times 1.01 \times \cdots \times 1.01}_{(365번)} = 37.8$$

결국 밝은 습관을 만드는 데 있어, 수학의 '수'는 우리가 구체적이고 실질적이며 명확한 계획을 세울 수 있게 해 주고, '사칙연산'은 아주 작고 소소한 것부터 실천해 나가면 나중에는 어마어마한 성취를 이룰 수 있음을 직관적으로 확인할 수 있게 해줍니다. 또 습관이 형성되는 과정을 중간중간 수치로 확인하면 성취감을 느낄 수 있으며 차근차근 습관이 형성되는 단계를 밟아 나가게 해 줄 수 있을 것입니다.

이 시간을 통해 수와 사칙연산으로 자신만의 밝은 공부 습관을 한 가지 만들어 나가는 또 하나의 계기가 되시기를 바랍니다.

수와 사칙연산이 주는 밝고 지혜로워지는 메시지

수와 사칙연산은 우리가 구체적이고 실질적이며 명확한 계획을 세울 수 있게 해주고, 아주 작고 소소한 것부터 실천해 나가면 나중에는 어마어마한 성취를 이룰 수 있음을 객관적으로 확인하게 해 주며, 희망과 긍정으로 꾸준히 노력할 수 있도록 돕는 수학 개념입니다.

밝고 지혜로워지는 수학 이야기

모두의 행복을 위한 수학

31제 **모두를 위한 기준과 원칙, '단위'**
32제 **모두를 위한 약속, '순서와 규칙'**
33제 **모두가 행복한 '나누기'**
34제 **노력한 만큼 공평하게, '비례배분'**
35제 **누구에게나 똑같은 기회를 주는 '약수와 공약수'**
36제 **모두에게 좋은 것 찾기, '비·비율·비례'**

단위가 있어서 얼마든지 똑같은 요리를 계속 만들 수 있어~

31제

모두를 위한 기준과 원칙, '단위'

- 일상 속 단위에는 무엇이 있을까?
- 단위가 있어 좋은 점은 무엇일까?

    단위는 우리 일상에서 자주 활용되고 있으며 다양한 분야에서 사용하는 수학 개념 중 하나입니다. 사실 일상에서 자주 사용하는 한 뼘, 한 줌, 한 꼬집과 같은 용어들도 단위이고, 정확하게 길이(거리)를 잴 때 쓰는 cm, m, km, 무게를 측정할 때 쓰는 g, kg, 그리고 부피를 측정할 때 쓰는 mL, L 등도 단위인데요. 이 밖의 단위들도 분야마다 다양하게 쓰입니다.

> **단위** : 수량을 수치로 나타낼 때 사용하는 기준을 단위라고 하며 길이, 무게, 부피, 들이, 시간 등을 나타내는 다양한 단위가 있음

    지금까지 인류는 길이, 무게, 부피를 전 세계 어디에서 누가 측정하든지, 그리고 어떤 환경에서 측정하든지 모두 동일할 수 있도록 절대적인 기준을 확립하기 위해 부단히 노력해 왔습니다. 결국 수많은 시행착오를 거쳐, 시간과 공간에 상관없이 언제 어디서든지 절대 변하지 않는 값을 기준으로 단위들을 규정하게 되었습

니다. 길이의 경우에는 빛의 속성을 이용해 진공 상태에서 '빛'이 299,792,485분의 1초 동안 간 거리를 1미터로 정의했고, 시간의 경우에는 세슘 원자가 9,192,631,770번 진동하는 데 걸리는 시간을 1초로 규정하게 되었습니다. 또 질량의 경우에는 양자역학의 기본 정수인 플랑크 상수를 사용하여 1kg의 기준을 확립했습니다. 이처럼 절대불변하는 자연 현상의 상수들을 바탕으로 단위를 규정하여 현대 사회에서 적용할 수 있도록 미터법을 시행하고 있는 것입니다.

SI Base Units

시간 s 초 (second)	길이 m 미터 (meter)	질량 kg 킬로그램 (kilogram)	전류 A 암페어 (ampere)
열역학적 온도 K 켈빈 (kelvin)	물질량 mol 몰 (mole)	광도 cd 칸델라 (candela)	

▲ 국제 단위계

이처럼 인류의 끊임없는 노력으로 언제 어디서든지 절대 변하지 않는 값을 기준으로 시행하게 된 단위는 우리의 삶에 어떤 의미가 있을까요? 단위라는 정확하고 명확한 기준과 원칙이 있기 때문에 무언가를 만들 때 같은 물건을 반복해 제작할 수 있게 됩니다. 다시 말해 옷의 치수, 건물의 설계 및 시공, 가구의 제작 등 생산품의 일관성을 유지할 수 있게 되는 것이지요.

    요리할 때도 단위를 많이 찾아볼 수 있습니다. g(그램), mL(밀리리터), T(테이블스푼), t(티스푼) 등과 같은 단위들이 있기 때문에 이를 바탕으로 레시피대로 계량을 하며 매번 같은 맛의 요리를 만들 수 있는 것입니다. 만약 단위가 없었다면 어떻게 되었을까요? 아마도 레시피에 따라 요리를 하더라도 음식의 맛이 매번 조금씩 달라졌을 것이고 프랜차이즈 식당에서 같은 메뉴를 판매하더라도 그 맛을 똑같이 유지하기가 어려워 지점마다 맛이 달라졌을 것입니다. 또 정말 맛있는 요리를 만들었더라도 단위가 없다면, 다음에 똑같이 만들기가 힘들어 아쉬움이 크게 남을 것입니다.

만약 단위가 없거나, 단위가 시간과 공간 및 상황에 따라 변한다면 요리뿐만 아니라 다양한 상황에서 문제가 발생할 것입니다. 먼저, 옷을 만들 때는 사이즈가 매번 조금씩 차이가 나게 되어 같은 옷을 받지 못하는 소비자들의 불만을 사게 될 수 있고, 건물을 지을 때도 오차가 많이 발생하여 건축물의 안정성에도 좋지 않은 영향을 미치게 될 것입니다. 그리고 교역을 할 때는 서로 교환할 물품의 수량이나 크기에 대해 확신하기가 어려워 상호 간의 신뢰에 좋지 않은 영향을 미치게 되어 다툼이 일어날 수도 있을 것입니다. 실제로 인류 역사에서 관료들이 단위를 악용하여 터무니없이 많은 세금을 걷는 부정부패가 빈번하게 일어나기도 했고, 단위가 하나로 통일되지 못해 물건을 사거나 파는 등의 교역을 할 때 혼란을 겪는 일이 많았습니다. 그래서 역사상 많은 왕조가 나라를 새로 건립하거나 통일할 때 혼란을 피하고 공정성을 기하기 위해 길이, 부피(들이), 무게 등의 도량형을 통일하려고 노력했던 것이지요.

무언가를 서로 나눌 때도 단위가 중요한 역할을 합니다. 정확하게 나눌 때도 단위가 없다면, 똑같이 나누었다는 확신을 갖기 어려워지고, 서로 상대방의 수량이 더 많다고 생각하게 될 가능성이 커집니다. 다시 말해 공평하게 분배하는 데에 문제가 생길 수 있지요. 또 무엇이 얼마나 더 길거나 짧은지, 무거운지 등을 명확하게 비교할 때도 단위가 없다면 명확하고 공정하게 판별하기가 어려울 것입니다. 예를 들어 운동 경기를 할 때 박빙의 상황에서 누가 더 빨랐는지, 누가 더 멀리 뛰었는지 등을 가늠할 때 세밀한 시간 단위나 정확한 길이 단위가 없다면 공정하게 승부를 판단하기가 어려울 것입니다.

결국 단위가 있기 때문에 모든 사람이 같은 측정 단위로 수량을 잴 수 있고, 이를 바탕으로 원활하게 소통하게 되며, 오해와 오차 없이 공정한 기준을 바탕으로 판단하고 분배할 수 있게 되는 것입니다. 이렇게 단위를 살펴보니 정확하고 명확한 기준과 원칙에 입각한 '단위'가 모든 사람을 위한 공정함과 정의로움의 바탕이 되고 있음에 새삼 감사하게 됩니다.

단위가 주는 밝고 지혜로워지는 메시지

언제 어디서든지 정확하고 명확한 기준과 원칙으로 길이, 무게, 부피 등을 누구나 똑같이 재고 활용할 수 있는 단위가 있어, 우리는 동일한 물건을 생산하거나 같은 맛을 유지할 수 있게 됩니다. 그리고 서로 신뢰하며 공평하게 나누고 공정하게 판단할 수 있어 모두가 행복하고 정의로운 세상을 만들어 나갈 수 있습니다.

32제

모두를 위한 약속, '순서와 규칙'

- 순서는 왜 지켜야 할까?
- 규칙이 필요한 이유는 무엇일까?

　세상을 살아가다 보면 늘 모든 것이 갖추어져 있는 것은 아닙니다. 또한 제한된 상황에서 누구나 효율성을 추구하다 보면 조율이 필요한 경우가 많습니다. 이럴 때 순서와 규칙이 필요한데요. 예를 들어 하나의 장난감을 여러 사람이 가지고 노는 상황에서는 누가 먼저 가지고 놀지, 그다음에는 누가 가지고 놀지 등의 순서를 정해야 할 필요가 있는 것입니다.

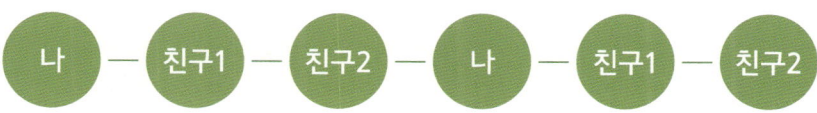

　이처럼 순서를 정한 뒤에, 그 순서대로 장난감을 가지고 노는 것으로 규칙을 정하게 되면, 서로 싸우지 않고 정해진 규칙대로 자신의 순서를 기다리며 함께 어울려 놀 수 있게 됩니다. 이러한 순서 규칙은 일상에서 여러 가지가 있습니다. 버스를 탈 때 먼저 온 순서대로 줄을 서는 것, 놀이동산에서 먼저 온 순서대로 줄을 서서 놀이기구를 타는 것은 한 명씩 차례대로 타는 순서가 정해져 있고 그러한 규칙을 잘 따르고 있는 모습입니다. 이처럼 우리는 세상을 살아가며 여러 상황 속에서 순서를 지키고 규칙을 따르고 있습니다.

> 순서 : 정해진 기준에 따른 전후, 좌우, 상하 따위의 차례 관계
> 규칙 : 양이나 수 또는 색깔 등의 어떤 요소가 일정하게 변하는 법칙

이처럼 순서가 정해져 있을 때 좋은 점은 무엇일까요? 줄을 서지 않으면 혼란이 초래되어, 결국 버스나 놀이기구를 탈 때까지 걸리는 시간도 더 오래 걸릴 것이고, 서로 먼저 타려고 다툼이 일어날 수도 있습니다. 먼저 온 순서대로 차례로 탈 수 있는 규칙이 있기 때문에 서로 그 약속을 잘 준수하면서 모든 사람에게 좋은 질서를 유지하는 것이지요.

순서를 정하는 기준은 여러 가지 방안이 가능하지만 대부분 먼저 온 순서대로 시행하는 경우가 많습니다. 은행에서도 도착한 순서대로 번호표를 뽑고 그 번호표의 순서대로 자기 차례가 되면 일을 처리하고, 앞서 말한 버스를 타거나 놀이기구를 타는 경우도 먼저 도착한 사람부터 줄을 서게 되고 그 순서대로 탑승하는 것입니다. 숙소 등의 장소를 예약하거나 필요한 기기를 대여할 때도 예약한 순서대로 지급된다면 이 역시 순서에 따른 규칙을 따르고 있는 것이지요.

다른 기준으로 순서가 정해지는 경우도 많습니다. 예를 들어 세상에서 가장 높은 건물 10개를 말하라고 하면 건물의 높이가 가장 높은 것부터 순서대로 나열하면 됩니다. 또 키가 큰 순서, 성적이 높은 순서, 기록이 빠른 순서 등 일상에서 특정 기준에 따라 순서를 정한 뒤에 그 순서에 따라 정보를 파악하고 우선순위를 부여하게 됩니다.

운동 경기에서는 기록이 빠른 순서대로 나열하고 그중 첫 번째, 두 번째, 세 번째 순서에 해당하는 사람들에게 금메달, 은메달, 동메달을 수여하게 됩니다. 또 시험을 볼 때 합격자를 10명 뽑는다면 가장 시험 성적이 좋은 사람부터 순서대로 10명을 선정하게 됩니다.

32제 모두를 위한 약속, '순서와 규칙'

　이 밖에 임의로 정한 규칙에 따라 순서가 정해지는 것도 있습니다. 차량 신호등의 경우 빨간색 등과 주황색 등 그리고 초록색 등일 때의 행동 규칙이 각각 정해져 있고, 그 순서가 정해져 신호 체계가 일정한 순서로 반복됩니다. 따라서 그 규칙에 따라 빨간색일 때는 다음 신호를 기다리며 준비하고, 초록색 신호일 때는 다른 차들이 기다릴 것이라는 믿음을 바탕으로 앞으로 나아가게 됩니다.

　또 당연하게 보이지만 엘리베이터의 운행도 규칙이 있습니다. 올라갈 때는 1층, 2층, 3층, … 순서로, 내려갈 때는 3층, 2층, 1층으로 가는 것 또한 층 높이 순서에 따른 규칙을 따르고 있는 것이지요. 평소에 익숙해져 있어서 잘 인식하지는 못하지만 예를 들면 3층으로 먼저 갔다가 1층으로 간 후 다시 2층으로 운행하는 것은 일반적인 상황은 아니지요.

이와 같이 명확한 기준과 원칙에 따른 순서와 규칙이 있기 때문에 다양한 사람들이 살아가는 사회에서 서로 신뢰하며 줄을 서고, 결과에 승복하며 기다리면 나에게도 기회가 올 수 있다는 믿음을 가지게 됩니다. 수학의 순서와 규칙을 통해 규칙이 모든 사람을 위한 것임을 좀 더 이해할 수 있다면 우리는 모두 규칙을 잘 따르고 순서를 지키며 조화롭게 어울려 살아갈 수 있겠지요.

순서와 규칙이 주는 밝고 지혜로워지는 메시지

모든 사람을 위한 순서와 규칙이 있기 때문에, 다양한 사람들이 살아가는 사회에서 우리는 서로 신뢰하며 줄을 서고, 결과에 승복하며 기다리면 나에게도 기회가 올 수 있다는 믿음을 바탕으로 같이 함께 더불어 조화롭게 살아갈 수 있습니다.

33제

모두가 행복한 '나누기'

- 공평하게 나누어 먹으려면 어떻게 해야 할까?
- 모두가 행복하려면 어떻게 나누어 먹어야 할까?

일상생활에서 여러 사람이 음식을 나누어 먹거나 물건을 나누는 경우가 자주 생기는데요. 예를 들어 피자 8조각을 4명의 학생이 나누어 먹는다고 했을 때, 학생 1명당 피자를 몇 조각씩 먹으면 공평하게 나누어 먹을 수 있을까요? 이러한 상황에서 우리는 흔히 8 ÷ 4 = 2라는 나누기 계산을 통해 학생 1명당 2조각씩 먹으면 되겠다는 생각을 자연스럽게 할 수 있습니다.

> 나누기 : 사칙연산 가운데 하나로 똑같이 나누는 것을 의미하며 곱하기와 반대가 되는 연산

이러한 나누기는 '똑같이' 나누는 수학의 나누기를 활용한 것인데요. 그런데 일상생활에서는 반드시 똑같이 나누는 경우만 있는 것은 아니지요. 예를 들어 엄마와 아이가 빵을 나누어 먹을 때 엄마가 아이보다 배가 덜 고픈 상황이라면 아이가 더 먹을 수도 있고, 반대로 엄마가 아이보다 배가 더 고픈 상황이라면 엄마가 더

먹을 수도 있습니다.

그렇다면 일상에서 나누기를 할 때는 그때그때 상황에 따라 다르게 적용하는 것이 더 나을까요? 상황에 따라 모든 사람이 납득할 수 있는 근거가 있다면 그때그때 상황에 맞게 누군가는 더 가지고 누군가는 덜 가지는 것이 때로는 더 자연스러울 수 있을 것입니다. 하지만 모든 사람이 모두 동의하는 의견으로 수렴하여 나누기가 어렵거나 애매할 때도 많은 것이 사실입니다.

하나의 이야기로 예를 들어 보겠습니다. 어흥이라는 호랑이 한 마리가 있었는데요. 어흥이에게 어쩌다가 사과가 1개 생겼습니다. 사과가 가장 필요한 친구에게 나누어 주려고 하는데 지혜라는 아이가 사과를 보자마자 얼굴이 환하게 밝아지면서 "나, 사과 엄청나게 좋아하는데."라고 말합니다. 그러자 밝음이라는 아이는 힘이 없는 목소리로 "난 배고파. 점심을 아직 못 먹었다고."라고 말합니다. 이에 질세라 코끼리가 말합니다. "나는 덩치가 커서 나 혼자 사과 1개를 다 먹어도 부족할 것 같아." 그 말을 들은 개미는 애원하는 목소리로 이렇게 말합니다. "난 덩치는 작지만 배고픈 식구들이 1,000명이나 돼. 내가 많이 가져가면 안 될까?" 친구들의 이야기를 모두 들어 보니 누구에게 사과를 주어야 할지 결정하기가 쉽지 않아 정말 난감합니다. 이러한 경우 어떻게 나누는 것이 모두를 위해 좋은 방법일까요?

이처럼 일상에서 무언가를 나눌 때 각자의 상황이 조금씩 다르고 그러한 부분이 서로 상충되는 경우, 어떻게 공평하게 나눌 수 있을까요? 그래서 수학의 나누기는 어떠한 상황에도 보편적으로 공평하다고 판단되는 똑같이 나누는 방식을 제안하고 있습니다. 다시 말해 서로의 이해관계가 맞물리는 다양한 상황에서 수학

의 나누기는 '똑같이'라는 방식으로 명쾌하게 보편적으로 가장 합리적인 답을 제시하는 것입니다. 모두 나름의 사정이 있기 때문에, 모든 사람의 의견을 인정하고 존중하며 배려하는 가장 좋은 방법은 일단 '똑같이 나누는 것'이라는 것이 수학의 나누기가 전하는 메시지일 것입니다.

내가 소중한 만큼 모든 사람이 귀하고 소중하다면 무언가를 나누어 먹을 때 우리 모두가 골고루 나누어 먹을 수 있는 방법을 찾는 것이 모든 사람이 행복할 수 있는 방법이라는 점에서 수학의 나누기가 의미가 있지 않을까요?

나누기가 주는 밝고 지혜로워지는 메시지

내가 소중한 만큼 모든 사람이 귀하고 소중하다면 무언가를 나누어 먹을 때 모든 사람이 골고루 나누어 먹을 수 있는 방법을 찾는 것이 당연한 일입니다. 결국 누구에게나 공평하게 골고루 나눌 수 있게 해 주는 수학적 나누기를 통해 모든 사람이 행복할 수 있다면 수학은 배울만한 가치가 충분히 있지 않을까요?

34제

노력한 만큼 공평하게, '비례배분'

- 항상 똑같이 나누는 것만이 합리적일까?
- 내가 상대보다 더 받을 수 있는 상황은 언제일까?

앞 장에서는 '똑같이' 나누는 수학적 나누기에 대해 살펴보았는데요. 이번에는 1 : 2 또는 2 : 3과 같이 특정 비로 나누는 방법에 대해 알아보겠습니다. 이렇게 전체의 양을 주어진 비로 나누는 방법을 '비례배분'이라고 합니다.

> 비례배분 : 전체의 양을 주어진 비로 나누는 것

예를 들어 과자 6개를 2개의 접시에 나누어 담을 때 한 접시에 3개씩 담는다면 개수를 똑같이 나누게 됩니다. 반면에 1 : 2로 나눈다면 하나의 접시에는 2개, 다른 접시에는 4개로 나눌 수 있는데, 하나의 접시에 있는 과자의 개수와 다른 접시에 있는 과자의 개수가 2배의 차이가 나게 됩니다. 이러한 나누기를 비례배분이라고 합니다.

34제 노력한 만큼 공평하게, '비례배분'

모든 사람은 각자 소중한 존재이므로 어느 한쪽에 치우치지 않고 똑같이 나누는 것이 모두에게 공평한 나누기라고 할 수 있습니다. 그런데 때로는 노력이나 비중의 차이에 따라 차등을 두는 것이 오히려 공평할 때가 있습니다. 이러한 경우 수학의 비례배분을 사용합니다.

예를 들어 어떤 일을 두 사람이 했는데 한 사람은 2시간 일했고, 다른 사람은 4시간 일한 상황을 가정해 보겠습니다. 그에 대한 보상으로 6개의 사탕을 두 사람에게 나누어 준다면 각자에게 몇 개씩 나누어 주는 것이 좋을까요? 수학적 나누기를 한다면 두 사람이 일한 시간은 다르지만 두 사람 모두 일을 했기 때문에 사탕을

34제 노력한 만큼 공평하게, '비례배분'

3개씩 똑같이 나누어 주면 될 것 같습니다. 그런데 그렇게 나누었을 때 상대방보다 2배의 시간 동안 일을 한 사람은 억울할 수도 있습니다. 그리고 일을 덜 한 사람 또한 상대방에 대해 미안한 마음이 생길지도 모릅니다.

그래서 이와 같은 경우에는 노력에 비례해서 보상을 주는 것이 더욱 합리적일 수 있습니다. 따라서 일한 시간 동안에 두 사람 모두 최선을 다했고 일한 만큼 실적을 냈다는 것을 전제로 한다면 2시간 일한 사람에게는 사탕 2개를, 4시간 일한 사람에게는 사탕 4개를 주게 되면 모두가 납득할만한 나누기가 될 것입니다. 이렇게 노력한 만큼 공평하게 나누는 방식이 바로 수학의 비례배분입니다.

일상에서 이러한 예는 여러 분야에서 찾아볼 수 있습니다. 구호 단체가 식량을 배급할 때 가족 구성원의 수에 비례해서 식량을 나누어 주는 것이 보다 공평한 방법이 될 수 있습니다. 또 아파트 관리비를 산출할 때 평수에 비례해서 정하거나 가족 구성원의 수에 비례해서 정하는 것이 보다 합리적일 수 있습니다. 공동 투자를 했을 때는 투자 금액에 비례해서 수익을 나누는 것이 합당할 것입니다. 이와 마찬가지로 기업의 배당금은 소유한 주식 수에 비례해서 나누어 가질 때 모두가 납득할 수 있을 것입니다. 선거에서도 국회의원의 비례대표제는 각 정당의 지역 의원의 수에 비례해서 배분되는 것 역시 비례배분의 예라고 할 수 있습니다.

이처럼 비례배분은 모든 사람이 납득할 만한 객관적이고 합리적인 이유가 존재한다면 노력한 만큼, 투자한 만큼, 인원수만큼 그에 비례하여 더 보상을 받거나 비용을 내는 것이 오히려 더 공평한 방법임을 말하는 것입니다.

결국 상황에 따라 나누기뿐만 아니라 비례배분도 잘 알고 활용할 줄 아는 것이 누구나 납득할 수 있는 공정하고 정의로운 방법으로 문제를 해결하는 힘이 될 것입니다.

비례배분이 주는 밝고 지혜로워지는 메시지

비례배분을 잘 알고 활용하여 누구나 납득할 수 있는 공정하고 정의로운 방법으로 분배한다면, 모든 사람이 만족할 수 있는 체계적이고 논리적이며 합리적인 방안으로 문제를 해결해 나갈 수 있을 것입니다.

35제

누구에게나 똑같은 기회를 주는 '약수와 공약수'

- 누구에게나 기회를 똑같이 주는 것은 왜 중요할까?
- 남기지 않고 나누려면 어떻게 해야 할까?

    나와 친구가 사탕 5개를 똑같이 나누어 먹으려면 어떻게 해야 할까요? 일단 두 사람이 번갈아 사탕을 하나씩 가져갔더니 1개가 남았습니다. 남은 1개를 어떻게 나누어야 할지 고민이 되는 상황입니다. 그렇다면 사탕이 6개 있으면 어떨까요? 두 사람이 각자 3개씩 똑같이 나누어 먹을 수 있어 고민할 필요가 없을 것입니다. 다시 말해 사탕이 5개 있을 경우에는 사탕 1개를 더 쪼개어 나누지 않는 한 5명이 있어야 남는 사탕 없이 똑같이 나누어 먹을 수 있습니다. 반면에 사탕이 6개 있으면 두 사람이 있어도 남김없이 3개씩 똑같이 나누어 먹을 수 있고, 세 사람이 있어도 2개씩 나누어 먹을 수 있습니다. 또 6명이 한 개씩 나누어 먹는 경우도 가능합니다.

    이처럼 더 쪼개거나 남기지 않고 똑같이 나누어 먹을 수 있는 수를 수학에서는 '약수'라고 합니다. 두 사람 또는 세 사람 이상의 여러 사람이 모였을 때 똑같이 나누어 먹는 경우가 많아지도록 하려면 약수가 많은 숫자의 과자 또는 사탕을 구매하는 것이 좋겠지요? 실제로 판매되고 있는 초코파이 상자를 살펴보면 약수가 많은 숫자인 12개(12의 약수: 1, 2, 3, 4, 6, 12) 또는 24개(24의 약수: 1, 2, 3, 4, 6, 8, 12, 24)를 한 상자로 만들어 판매하고 있습니다. 12와 24는 비슷한 크기의 다른 수보다 약수의 개수가 많은 수입니다. 좀 더 구체적으로 살펴보면 15는 12보다 더 큰 수이지만 약수의 개수는 4개(15의 약수: 1, 3, 5, 15)로 12보다 약수의 개수가 더 적으며, 25는 24보다 더 큰 수지만 약수의 개수는 3개(25의 약수: 1, 5, 25)로 24보다 약수의 개수가 더 적습니다. 이처럼 약수가 많은 숫자의 개수로 만들어 판매하는 이유는 아마도 여러 사람이 나누어 먹는 상황을 최대한 많이 고려하여 2명이나 3명이나 4명이라도 고민하지 않고 편하게 나누어 먹을 수 있도록 배려하여 만든 것이 아닐까 싶습니다.

> **약수 : 어떤 수를 나누어떨어지게 하는 수**

그런데 우리는 일상에서 늘 한 종류의 물건이나 음식만을 나누지는 않습니다. 예를 들어 연필이 12개, 지우개가 16개 있는데 둘 다 남기지 않고 세트를 만들어 학생들에게 나누어 주어야 한다면 세트를 어떻게 구성해야 할지 고민되겠지요. 이처럼 두 가지 이상의 물건을 남김없이 여러 사람에게 똑같이 나누어 주거나 2개 이상의 음식을 남김없이 여러 접시에 똑같이 나누어 담아야 할 때 적용할 수 있는 개념이 바로 '공약수'입니다.

> **공약수 : 둘 이상의 자연수의 약수 중에서 공통인 것**

35제 누구에게나 똑같은 기회를 주는 '약수와 공약수'

 예를 들어 과자가 4개 있고 사탕이 8개 있을 때 4개의 접시에 과자와 사탕을 남김없이 똑같이 나누어 담는다면, 접시 1개당 과자는 각각 1개씩, 사탕은 각각 2개씩 담으면 모든 접시에 과자와 사탕의 개수를 똑같이 담을 수 있지요. 접시 2개에 나누어 담는다면, 과자는 각각 2개씩, 사탕은 4개씩 담을 수 있습니다. 그러면 누가 어떤 접시를 집더라도 과자와 사탕을 똑같이 가져가게 되는 것이지요. 이와 달

리 과자나 사탕이 어느 한쪽으로 몰리면 어떻게 될까요? 누군가는 더 많은 과자나 사탕을 가져가게 되고 누군가는 혹여 과자나 사탕을 먹지 못하게 될 수도 있습니다. 결국 과자와 사탕이 모든 접시에 골고루 똑같은 개수로 놓이게 될 때, 누가 어떤 접시를 선택하든지 똑같은 개수의 과자와 사탕을 가져가게 되어 모두가 공평하게 나누어 먹을 수 있게 됩니다.

이처럼 모든 사람이 여러 가지 물건이나 음식을 남김없이 골고루 그리고 똑같이 나누어 받을 수 있도록 할 때 공약수를 사용하면 좋습니다. 특히, 공약수 중 가장 큰 수를 의미하는 최대공약수를 알게 되면 최대 몇 명까지 나눌 수 있는지, 최대 몇 접시까지 가능한지도 알 수 있게 됩니다. 예를 들어 과자 4개와 사탕 8개의 최대공약수는 4이므로 최대 4개의 접시에 남김없이 과자 1개, 사탕 2개를 담을 수 있는 것을 의미합니다. 여기서 2도 공약수이지만 2의 경우는 2개의 접시에 각각 과자 2개와 사탕 4개를 담을 수 있음을 의미하기 때문에 4개의 접시가 모두 골고루 과자와 사탕을 나누어 먹을 수 있는 최대 접시의 개수가 됩니다.

물건이나 음식뿐만 아니라 서비스를 골고루 나누어 받을 때도 약수와 공약수는 유용하게 쓰입니다. 또 여러 가지 종류의 일을 나누어 할 때 어느 한 사람에게만 특정 종류의 일을 해볼 수 있는 기회를 주는 것보다 누구나 다양한 일을 골고루 경험하며 성장할 수 있도록 모두에게 기회를 균등하게 줄 때도 공약수의 개념을 적용해 볼 수 있습니다.

약수는 한 종류를 남김없이 골고루 나눌 때, 공약수는 둘 이상의 종류를 여러 사람이 골고루 나눌 때 일상에서 흔히 사용하는 수학 개념인데요. 약수와 공약수의 개념을 잘 활용하게 되면, 하나 또는 여러 종류의 물건을 나눌 때 어느 한 사람이나 몇몇 사람에 치우치지 않고 누구에게나 골고루 기회를 주고 공평하며 균형 있게 나눌 수 있는 방안을 제시할 수 있음을 새삼 일깨우게 됩니다. 결국 내가 소중한 만큼 상대방도 소중하므로 모든 사람이 골고루 기회를 부여받고 공평하게 나누어 가질 수 있는 방법을 찾는 것이, 모든 사람이 만족하고 행복할 수 있는 방법이라는 점에서 수학의 약수와 공약수가 참 유용함을 알 수 있지요.

약수와 공약수가 주는 밝고 지혜로워지는 메시지

약수와 공약수가 있어 우리는 남김없이 효율적으로, 누구에게나 공평하게 나눌 수 있는 체계적이고 논리적이며 합리적인 방안을 제시할 수 있습니다. 내가 소중하듯 상대방도 소중하기에, 누구나 동등한 기회를 부여받고 골고루 공평하게 나누어 가질 수 있는 방법을 찾는 것이 모두가 행복한 길이 될 것입니다.

36제

모두에게 좋은 것 찾기, '비·비율·비례'

- 맛집이라고 알려진 음식점의 음식 맛의 비결은 무엇일까?
- 모든 사람이 좋아하는 비율이 존재할까?

비와 비율 그리고 비례는 일상에서 가장 많이 사용되고 있는 수학 개념 중 하나입니다.

> 비 : 두 수의 양을 기호 ':' 로 비교하여 나타낸 것
> 비율 : 기준량에 대한 비교하는 양의 크기
> 비례 : 두 양이 서로 일정 비율로 증가하거나 감소하는 관계

먼저, 요리할 때 참고하는 레시피에는 수학의 비가 자주 등장합니다. 레시피에 간장 2스푼과 설탕 1스푼이 표기되어 있다면 간장과 설탕의 양의 비는 2 : 1이라고 할 수 있습니다. 그리고 해외여행을 가게 되면 두 나라 화폐 간의 교환 비율인 환율을 기준으로 환전을 합니다. 1달러에 1,300원이라면 달러와 원화의 비는 1 : 1,300으로 나타낼 수 있습니다. 비율의 경우 가장 흔하게 접할 수 있는 것은 할인율입

니다. 예를 들어 마트에서 1만 원짜리 물건을 2,000원 할인해 줄 때 20% 할인이라고 표기합니다. 자동차를 탈 때는 자동차가 얼마나 효율적으로 운행하는지를 1L의 연료로 주행할 수 있는 거리인 연비(예 15km/L)로 파악하게 되고, 자동차가 얼마나 빠른지를 단위 시간 동안 이동할 수 있는 거리인 속력(예 60km/h)으로 표현하는데, 연비와 속력 역시 비율의 예입니다. 또 전자 기기의 배터리 용량이 얼마나 남았는지를 백분율이라는 비율로 확인합니다.

▲ 환율 시세의 예

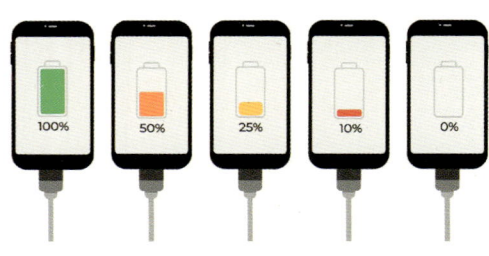
▲ 배터리 상태창의 예

비와 비율을 알면 우리는 비례식을 이용해 다양한 상황에 이를 적용할 수 있게 됩니다. 앞서 이야기한 비율 중의 하나인 속력을 예로 들면 속력이 시속 60km라고 할 때 3시간을 달리면 얼마나 갈 수 있는지를 비례식으로 구할 수 있습니다.

$$1 : 60 = 3 : x$$

1시간에 60km를 달리는 자동차라면 3시간이면 시간이 3배 늘어난 만큼 달린 거리도 3배 늘어나게 되어 180km를 갈 수 있음을 비례식을 통해 알 수 있습니다. 환율도 마찬가지로 1달러에 1,300원 환율을 기준으로 환전할 때 내가 100달러를 가지고 있다면 환전할 경우 13만 원을 받을 수 있습니다.

결국 비와 비율을 통해 다양한 상황에서도 동일하게 유지되는 둘 간의 크기 관계(몇 배인지)를 더욱 간단하고 직관적으로 파악할 수 있게 됩니다. 또한, 비례식을 통해 누구나 어떤 상황에서든 동일한 비율을 바탕으로 수량을 늘리거나 줄이며 자신만의 상황에 적용해 볼 수 있게 됩니다.

또 이러한 비와 비율 그리고 비례는 보편적으로 모든 사람에게 좋을 수 있는 방안을 찾을 때도 유용하게 활용됩니다. 먼저, 맛집을 예로 들어 보겠습니다. 유명한 맛집의 비결은 무엇일까요? 여러 가지 이유가 있겠지만 가장 큰 이유 중의 하나는 바로 음식 맛에 있을 것입니다. 그리고 그 음식 맛을 좌우하는 가장 큰 요인 중의 하나는 재료의 배합에 있습니다. 그 배합이 바로 수학에서 말하는 비 또는 비율 개념입니다.

예를 들어 호불호 없이 누구나 좋아하는 초간장의 황금 비율이 간장 7에 식초를 3만큼 넣은 비율이라고 가정한다면 그러한 비율을 잘 찾아내는 것이 성공의 비결이 될 것입니다. 비율의 좋은 점은 일단 최고의 맛을 내는 배합(비율)을 찾게 되면 재료의 양을 늘리거나 줄이더라도 그 맛을 유지할 수 있는 데에 있습니다. 양을 늘릴 때 하나의 재료가 배로 늘어난 양만큼 그에 비례하여 다른 재료의 양도 동일한 배로 늘리게 되면 원래의 최고의 맛이 유지되기 때문입니다. 다시 말해, 비율만 유지한다면 맛을 그대로 유지하면서도 각각의 재료의 양을 얼마든지 늘리거나 줄이며 다양한 인원에 맞는 요리를 준비할 수 있는 것이지요.

요리뿐만 아니라 우리가 사는 세상에도 곳곳에 비율의 이치가 숨어 있습니다. 인체에서 수분이 차지하는 비율은 어린이가 70%, 성인은 60%, 그리고 노인은 50~55% 정도라고 합니다. 이 비율이 일정하게 유지될 때 우리는 건강을 잘 유지할 수 있습니다.

일상에서도 인간이 보편적으로 편안하게 생각하고 안정감을 느끼는 비율이 많이 사용되고 있습니다. 휴대전화나 태블릿 그리고 TV로 영상을 시청할 때 우리는 보편적으로 가장 안정감이 있고 보기에 눈이 편하다고 알려진 16 : 9 또는 4 : 3의 화면비로 시청하게 됩니다. 또 건축물이나 미술 작품을 볼 때 황금 분할이나 황금비(1 : 1.618) 또는 금강비(1 : 1.414)와 같은 비를 보편적으로 안정적이며 아름답다고 느끼는 경우가 많다고 합니다.

▲ TV 화면비의 예

▲ 휴대전화와 태블릿 화면비의 예

디자인을 할 때도 마찬가지로 디자이너들은 홈페이지나 서적 디자인의 레이아웃을 잡을 때 보편적으로 대부분의 사람이 균형감과 안정감이 있다고 보는 최적의 비율을 찾아 제작합니다. 또 꽃다발을 만들 때도 대부분의 사람이 가장 아름답다고 느낄 수 있도록 메인이 되는 꽃과 나머지 꽃들의 비율을 적절하게 맞추게 됩니다. 사진을 찍을 때도 메인 피사체가 어느 위치에 있을 때 균형감과 안정감이 있는지를 중요하게 생각하는데 이 역시 비율의 한 예라고 할 수 있습니다.

일상에서 늘 사용하는 A4 용지는 가로와 세로의 비가 1:1.414이며, 이러한 비율 덕분에 A0, A1, A2, A3, A4, A5, A6 등의 크기는 모두 바로 다음 사이즈의 크기가 2배로 늘어나거나 절반으로 줄어드는 관계를 유지할 수 있습니다. 그래서 종이를 반으로 잘라 쓰거나 붙이면 다른 사이즈와 동일해지고 종이의 가로 세로 비율을 계속 일정하게 유지할 수 있게 되는 것이지요. 그래서 종이를 접거나 잘랐을 때 다른 사이즈로 변환이 자유로워져 종이 낭비를 줄이게 됩니다. 이러한 효율성을 가지게 되는 것도 최적의 비율 덕분이라고 할 수 있습니다.

결국 모든 사람이 보편적으로 선호하고 만족하거나 효율적이며 아름답다고 느끼는 현상이나 모습 속에는 최적의 비 또는 비율이 숨어 있을 가능성이 있습니다. 따라서 그러한 비율을 찾아 일상에 적용하는 것이 자신의 삶을 성공적으로 이끌어주며 모든 사람들에게도 좋은 일이 될 것입니다.

비·비율·비례가 주는 밝고 지혜로워지는 메시지

최적의 비율이 있어 요리할 때 많은 사람이 좋아하는 맛을 낼 수 있고, 예술 작품을 보고 아름다움을 느끼며, 편안함과 안정감을 가지고 영상을 시청하게 됩니다. 최적의 비율을 잘 찾아 활용하는 것이 곧 우리 모두를 위한 길임을 새삼 일깨우게 됩니다.

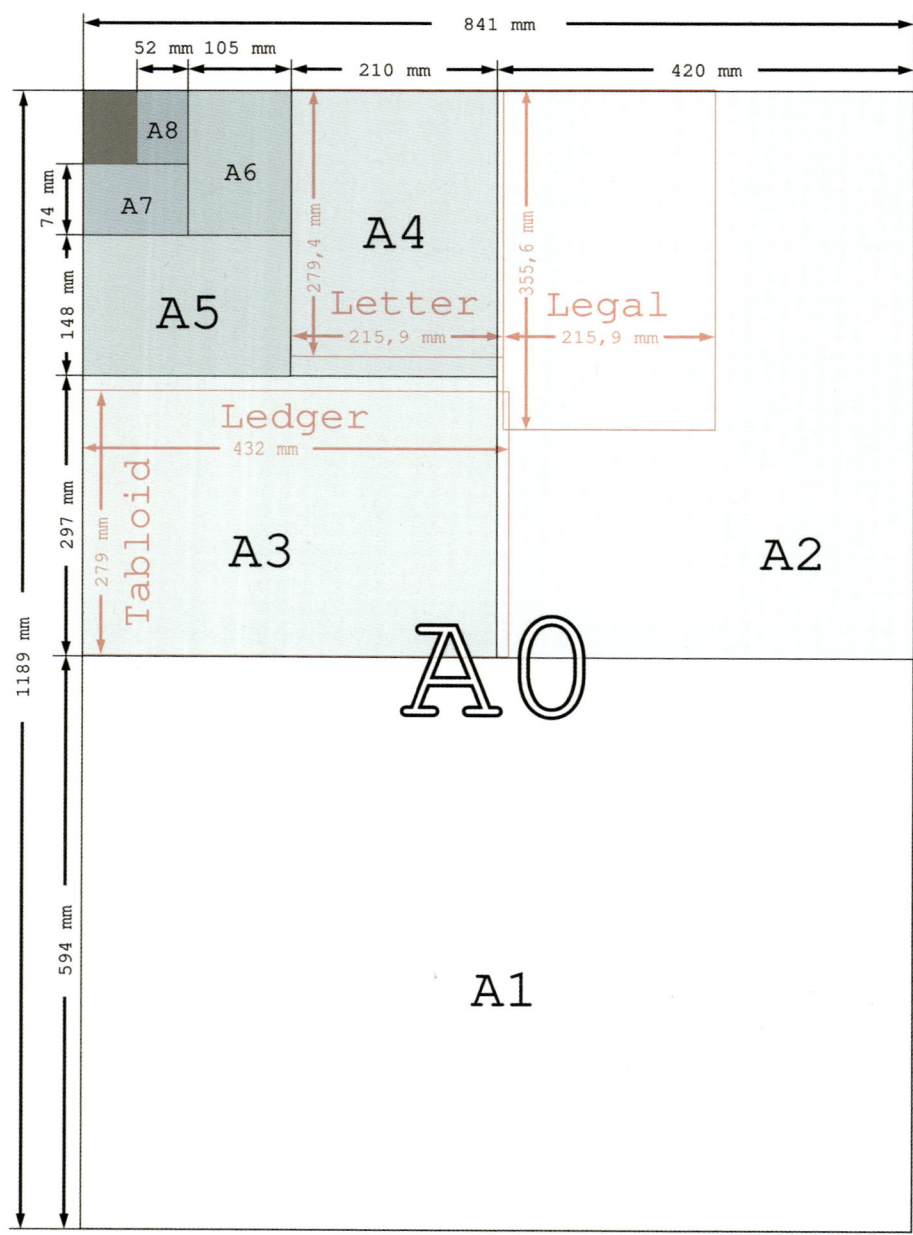

▲ A2, A3, A4 등 종이 사이즈(출처 : 위키백과)

36제 모두에게 좋은 것 찾기, '비·비율·비례'

마무리하는 글

* * *

수학은 다른 과목에 비해 특히 힘들고 어려운 과목이라고 여겨지는 경향이 강한 편입니다. 그런데 수학을 주제로 한 영화나 드라마 등이 꾸준히 나오고 그러한 영화나 드라마가 대중의 사랑을 받으며 공감대를 형성하고 있는 것도 사실입니다. 어쩌면 이는 수학이 얼마든지 사람들에게 친숙하게 다가올 수 있으며, 우리 삶에 늘 가까이 있다는 것을 많은 사람들이 잘 알고 있다는 증거일지도 모릅니다.

그럼에도 불구하고 여전히 어렵게 느껴지고 때로는 두렵기도 한 수학을 우리 삶에 좀 더 가까이 다가오게 하려면, 먼저 수학은 왜 필요하며 일상에서 어떤 의미가 있는지부터 좀 더 명쾌하게 정리할 필요가 있습니다. 이 책에서는 수학을 통해 밝고 지혜로워질 수 있음을 이야기하며 수학의 본질을 바탕으로 일상 속 수학의 의미에 대해 돌아보는 가운데 그 답을 찾아가고 있습니다.

우리는 모두 아이들이 자존·창조·조화롭게 성장해 나가며 밝고, 맑고, 찬란해지기를 바랍니다. 그러나 현실은 아이들이 밝고 지혜로워지고, 주변과도 조화롭게 어울릴 수 있는 교육을 지향하기보다는 여전히 입시 위주의 경쟁과 높은 점수를 얻기 위한 교육이 주를 이루고 있습니다. 인성 교육은 아무래도 교과 교육에 비해 우선순위에서 밀리는 경우가 많고, 아직까지는 지속 가능한 장기적 접근보다는 단기적인 접근에만 머물러 있는 경우가 많은 것 같아 안타까운 마음이 듭니다.

그렇다면 교과 학습과 인성 교육을 함께 진행할 수 있다면 어떨까요? 결국 밝고 지혜롭게 성장하는 교육을 위해서는 무엇보다 교과 교육과 인성 교육을 통합적으로 바라보는 시선이 중요합니다. 이러한 입체적이고 통합적인 가치관과 관점을 바탕으로 한 '밝고 지혜로워지는 수학 이야기'를 통해 아이들이 교과 과정 속에서 자신과 주변에 대한 사랑, 믿음, 신뢰를 비롯해 삶의 지혜, 균형감과 공정함, 열린 마음과 너그러움, 희망과 용기, 그리고 모두의 행복을 위한 마음을 키워 나갈 수 있으리라 믿습니다.

이 책이 앞으로의 수학 교육 변화와 발전을 위한 작은 씨앗이 되기를 바랍니다. 부모와 선생님이 먼저 변화하고 이러한 변화가 아이들에게 이어져 아이들이 교과를 배우면서 올바른 인성도 함양하며 밝고 지혜로운 '수'재로 성장하기를 바랍니다. 그래서 앞으로 아이가 어른이 되어 자신만의 삶을 살아갈 때 수학이 자신의 꿈을 이루는 든든한 힘이 되고, 일상을 더욱 지혜롭게 영위할 수 있는 바탕이 되며, 늘 나와 너, 우리 그리고 세상 모두가 행복할 수 있는 길을 찾는 데 도움이 되기를 다시 한번 마음 깊이 기원합니다.

마지막으로 이 책이 만들어지기까지 오랜 시간 같이 함께 더불어 해주신 모든 분들께 진심으로 깊은 감사의 마음을 전하며 이 책을 마칩니다.

참고 자료

1. OpenAI. (2023). *ChatGPT (GPT-4o, GPT-4o with canvas)*.
   https://chat.openai.com
2. Scarborough, P., Appleby, P. N., Mizdrak, A., Briggs, A. D. M., Travis, R. C., Bradbury, K. E., & Key, T. J. (2014). Dietary greenhouse gas emissions of meat-eaters, fish-eaters, vegetarians and vegans in the UK. *Climatic Change*, 125(2), 179-192. https://doi.org/10.1007/s10584-014-1169-1
3. 페렛, 데이비드. (2014). *끌리는 얼굴은 무엇이 다른가*. 엘도라도.
4. 위키백과. (2020년 11월 5일). 나이팅게일이 작성한 동부 지역 육군에서의 사망 원인에 관한 다이어그램. *위키백과: 자유 백과사전*.
   https://ko.wikipedia.org/wiki/플로렌스_나이팅게일#/media/파일:Nightingale-mortality.jpg
5. 위키백과. (2024년 1월 12일). 콜레라 감염지도. *위키백과: 자유 백과사전*.
   https://en.wikipedia.org/wiki/File:Snow-cholera-map-1.jpg
6. 위키백과. (2024년 6월 19일). 린드파피루스 이미지. *위키백과: 자유 백과사전*.
   https://en.wikipedia.org/wiki/File:Snow-cholera-map-1.jpg
7. 위키백과. (2025년 1월 15일). 페이퍼 사이즈 이미지. *위키백과: 자유 백과사전*.
   https://en.wikipedia.org/wiki/Paper_size#/media/File:A_size_illustration2_with_letter_and_legal.svg

책을 펴낸 곳

섭리수학이란?

밝고 지혜로워지는 수학

기업 소개

창조적인 요리와 미션으로 누구나 수학을 즐겁게 놀이하고 체득하며 부모와 아이 그리고 선생님 모두 자존·창조·조화로워지며 밝고 지혜로워지는 수학 콘텐츠를 교육, 제작 및 보급하는 사회적기업이자 협동조합

사회적 목적

밝고 지혜로워지는 수학교육을 통해 수포자, 기초학력 미달, 소득에 따른 교육 기회 불균등 문제를 해결하고 자존·창조·조화로운 '수'재를 양성해 나가고자 함. 아울러 경력단절 여성 및 취약계층 강사를 고용함으로써 사회적 가치를 지향해 나가고자 함

교육철학

자존·창조·조화를 바탕으로 호흡·체득·통섭을 통해 주체·주도·자율적인 '수'재를 양성

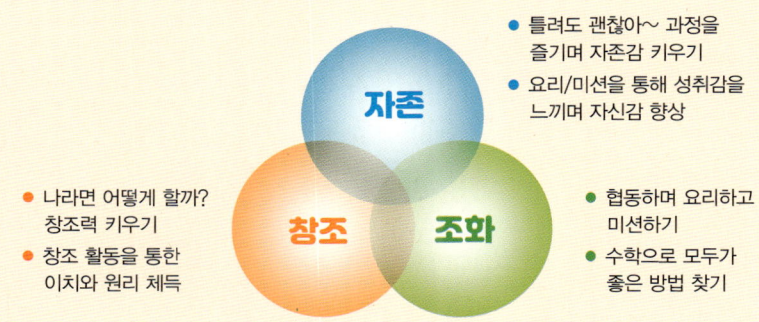

걸어온 길

2012 주무르는 수학 연구모임

2013 수원시 창업경진대회 우수상 수상
주무르는 수 요리방 협동조합 법인 설립

2015 수원 교육센터 개소
아시아 소셜벤처 대회 Excellence Award 수상

2017 서적 '엄마와 함께하는 주무르는 수요리' 출간
수학교구 특허 1건 등록

2018 고용노동부 지정 경기도 사회적기업 인증

2019 서적 '섭리적인 수학놀이' 출간
섭리수학으로 사명 변경

2020 섭리수학TV 유튜브 및 네이버TV 개설

2021 캐릭터 저작권 3건 등록

2022 영문서적 'Seob-Ri Math: Everyday Math with Cooking' 출간
교구 '수리도리' 출시
씨티은행 후원 발달장애 가정 대상 교구 후원 및 교육 진행
교육 에세이 서적 '쌤, 저 뭐 달라진 거 없어요?' 출간

2023 수리도리 교구 지도서 출간
전자책 & 오디오북 '쌤, 저 뭐 달라진 거 없어요?' 출간

2024 치매초기환자 대상 인지력 강화 프로그램 진행
경기공유학교 창의융합인성수학 프로그램 진행